文化产业与文化强省建设

朱丹枫 著

WENHUA CHANYE
YU WENHUA
QIANGSHENG JIANSHE

四川大学出版社

项目策划：梁　胜
责任编辑：陈克坚
责任校对：杨丽贤
封面设计：墨创文化
责任印制：王　炜

图书在版编目（CIP）数据

文化产业与文化强省建设／朱丹枫著．— 成都：四川大学出版社，2019.11
ISBN 978-7-5690-3159-1

Ⅰ．①文… Ⅱ．①朱… Ⅲ．①地方文化－文化发展－研究－四川 Ⅳ．①G127.71

中国版本图书馆CIP数据核字（2019）第246295号

书　名	文化产业与文化强省建设
著　者	朱丹枫
出　版	四川大学出版社
地　址	成都市一环路南一段24号（610065）
发　行	四川大学出版社
书　号	ISBN 978-7-5690-3159-1
印前制作	四川最近文化传播有限公司
印　刷	四川盛图彩色印刷有限公司
成品尺寸	170mm×240mm
印　张	8.75
字　数	125千字
版　次	2020年1月第1版
印　次	2020年1月第1次印刷
定　价	40.00元

版权所有　侵权必究

◆ 读者邮购本书，请与本社发行科联系。
　电话：(028)85408408/(028)85401670/
　　　　(028)86408023　邮政编码：610065
◆ 本社图书如有印装质量问题，请寄回出版社调换。
◆ 网址：http://press.scu.edu.cn

四川大学出版社
微信公众号

自　序

2000年至2010年的10年间，我国文化体制经历了一场波澜壮阔的深刻变革。与此同时，一幕幕精彩的深化文化体制改革和文化产业发展的大戏陆续在华夏大地上演……

一

忆往昔，人们看到，党中央的一系列重大决策，为新的历史时期深化文化体制改革、加快文化事业发展指明了方向。

——2000年，"文化产业"一词被正式写入中央文件。

——2002年11月，党的十六大报告厘清了文化事业和文化产业两者之间的关系，首次提出"积极发展文化事业和文化产业"。"根据社会主义精神文明建设的特点和规律，适应社会主义市场经济发展的要求，推进文化体制改革。"

——2003年6月，文化体制改革试点工作在全国9个省市和包括四川新华发行集团在内的35个文化单位开展。试点地区积极培育市场主体，深化内部改革，转变政府职能，建立市场体系。

——2005年底，中共中央、国务院下发《关于深化文化体制改革的若干意见》。2006年3月，中央召开全国文化体制改革工作会议，新确定了全国89个地区和170个单位作为文化体制改革试点。文化体制改革在稳步推进的基础上，走上全面开拓的新里程。

——2006年9月，中共中央办公厅、国务院办公厅印发《国家"十一五"时期文化发展规划纲要》，对"十一五"时期文化发展的指导思想、方针原则、目标任务作出全面阐述，对进一步加快文化建设、推动文化体制改革作出部署。

——2007年11月，党的十七大从中国特色社会主义事业"四位一体"总体布局的战略高度，提出兴起社会主义文化建设新高潮、推动社会主义文化大发展大繁荣的战略任务。

——2009年7月，我国第一部文化产业专项规划——《文化产业振兴规划》由国务院常务会议审议通过。这是继钢铁、汽车、纺织等十大产业振兴规划后出台的又一重要产业振兴规划，标志着文化产业已上升为国家战略性产业。

——2010年7月23日，中央政治局第二十二次集体学习时强调，一定要从战略高度深刻认识文化的重要地位和作用，以高度的责任感和紧迫感，顺应时代发展要求，深入推进文化体制改革，推动社会主义文化大发展大繁荣。

…………

二

作为中国西部大省，世纪之交在四川发展进程中是一个非常重要的时刻。从1999年到2010年，四川省委、省政府认真落实中央部署，把文化发展摆在突出位置，加大文化体制改革的力度，四川文化体制改革和文化产业也历经不同寻常的探索之路，由此进入了快速发展的新阶段。站在这两个节点上去看，四川文化的发展描绘并呈现了一条华丽的上升曲线，成为10年来文化体制改革成就的一个缩影。

一些深刻影响四川文化事业和文化产业进程的大事件值得记录。

自　序

一、系列文件政策规划密集出台

——2002年5月，四川省第八次党代会召开，首次明确指出"西部文化强省建设取得明显成效"。

——2002年底，四川省委、四川省人民政府下发《关于加快建设西部文化强省的若干意见》，明确提出："文化强省建设包括文化事业的发展和文化产业的壮大，两者密不可分，相互促进。在全面发展我省文化事业的同时，要以壮大文化产业为突破口，突出重点，分步实施，优化文化产业结构，将文化产业逐步培育成我省国民经济新的增长点。"该意见还阐明了今后五年的奋斗目标：培育"一个文化中心"，突出"四大特色文化"，达到"三个四分之一"，实现"两个提高"。"一个文化中心"是：把成都市培育成文化建设整体水平在西部地区名列前茅的重要文化中心。"四大特色文化"是：革命传统文化、巴蜀历史及文学艺术文化、少数民族及宗教名胜文化、现代高科技文化。"三个四分之一"是：四川文化产业经济总量占西部地区的四分之一，文化从业人员数占西部地区的四分之一，获国家级奖的文化成果数占西部地区的四分之一。"两个提高"是：提高文化产业的发展速度，使其增速高于全省GDP的增长速度；提高文化产业增加值在全省GDP中所占份额。

——2003年6月，四川省人民政府颁发的《关于加快四川旅游产业发展的实施意见》指出，四川旅游业的发展要"围绕自然生态和历史文化两条主线"。

——2003年10月，四川省委宣传部制定了《关于西部文化强省建设的五年规划》，提出加快文化产业发展、推进西部文化强省建设的具体思路，其中就有"整合资源、调整结构"，要"培育七大产业集团"。从此，四川确立"以大集团带大产业"的发展思路，即利用政府力量推动资本的原始积累，以迅速培育产业主体。

——2004年4月，中共中央政治局常委李长春同志来川考察，要求四川"步子迈得再大一些,思想再解放一些,在西部地区文化体制改革上先行一步"。并同意将四川列为"不是全国文化体制改革试点省的试点省",享受国家有关文化体制改革的财政、金融、税收等政策。

——2004年6月,四川省出台两个重要文件,一是省委、省政府《关于加快文化体制改革和文化产业发展的意见》,要求"认真落实好国办发〔2003〕105号文件中支持文化体制改革和文化产业发展的财政、税收、社会保障、产业经营、投融资、资产处置、市场准入等方面的保障政策",还要求"抓紧制定符合我省实际、与国办发〔2003〕105号文件相配套的政策措施,为文化体制改革和文化产业发展提供必要的政策环境";二是四川省文化体制改革和文化产业发展领导小组制定的《省级文化单位体制改革试点工作方案》。从此,四川文化体制改革加快了步伐。

——2004年9月,省委、省政府出台的《关于加快培育旅游支柱产业建设旅游经济强省的决定》,进一步指出要将高品位的自然景观和巴蜀文化景观结合起来,"打造享誉海内外的旅游精品,把四川建设成为中国自然生态和历史文化旅游的重要目的地"。

——2005年1月,省委、省政府召开全省文化体制改革和文化产业发展大会。这是一次特别的会议,7个半小时的会议,有6个小时是在现场观摩考察。"多看、少讲,"省委书记张学忠说,"这既是会议,更是培训。"四川新华发行集团有限公司董事长王庆、四川省电影公司经理张北川、成都武侯祠博物馆馆长张丽君、德阳市杂技团团长周小衡被省委和省政府授予"四川省文化经营管理突出贡献者"称号。行业标杆的树立,代表着四川文化体制改革和文化产业发展阶段的新高度。

——2005年11月,四川省文化体制改革和文化产业发展领导小组办公室制定了《四川社会资本投资文化产业的指导目录》,向社会公布29个行业的准入信息,积极引导社会资本投资文化产业。

——2005年11月，四川省文化体制改革和文化产业发展领导小组、四川省委宣传部举办"文化产业发展（四川·成都）论坛暨首届四川文化项目推荐会"。此次推荐会打破常规，采取"论坛+项目推介+成果展示"的模式，四川各大文化集团相继亮相，政府要员、企业精英、学界名流到场助力。

——2007年5月，四川省第九次党代会第一次明确提出了"由文化资源大省向文化强省跨越"的发展目标。

…………

二、率先组建大型文化产业集团

——1999年12月，四川日报报业集团成立。

——2000年3月，四川新华书店集团成立（2003年更名为四川新华发行集团。2004年4月，由四川新华发行集团作为主发起人，成立了四川新华文轩连锁股份有限公司；2007年5月，在香港联交所挂牌上市；2010年6月，更名为新华文轩出版传媒股份有限公司；2016年8月，在上海证交所挂牌上市）。

——2001年9月，四川党建期刊集团成立。

——2001年，四川省委宣传部相继推出四川广播电视集团、四川出版集团的组建方案。

——2002年9月，成都日报报业集团成立。

——2003年11月，四川广播电视集团、四川出版集团、峨眉电影集团成立。

——2006年11月，成都日报报业集团和成都广播电视台合并，在此基础上，组建成都传媒集团。

——2006年底，以文化演出产业为核心，四川博文集团（筹）组建。

至此，大集团带大产业格局基本建立，以八大集团为龙头，通过资源整合、体制创新，四川文化产业综合实力明显增强。其总资产从2009年的144亿元增长到2012年的294.5亿元，年度总收入从69亿元增长到129.9亿元，均实现翻番；年度利润从2009年的5.4亿元增长到2012年的14.2亿元。省级文化产业集团利润增幅超过同期全省规模以上国有控股工业企业近10个百分点。载至2010年，四川新华发行集团位列全国同行业综合实力第一，省电影公司综合实力居全国省级电影公司第一。

四川文化产业的发展进程中，骨干带头作用和增速明显。作为产业龙头的骨干企业抓大规划、大项目，带头做强大集团、大产业，实施大集团带大产业、大产业带全行业。截至2012年，四川省全省文化产业实现增加值936.44亿元，居全国第七位、中西部首位；文化产业占GDP比重3.92%，比上年提高0.4个百分点，文化产业连续多年保持增长率在28%以上，均高于全国平均水平。四川形成以新闻出版、广播影视和文化演艺为主，涵盖不同领域的多元产业结构；以中心城市为核心，辐射带动县、乡、集镇的产业区域布局；以大型国有文化集团为主体，多种文化经济实体并存的文化产业布局。

蓬勃发展的文化产业，有力地推动着四川省由文化资源大省向文化强省跨越。

……

10年间，四川人创新、探索，历经艰险，初心不改，走前人没有走过的路。四川文化体制改革不断推进，文化产业发展，从小到大，由弱到强，文化强省建设之"四川经验"、发行出版之"新华现象"、电影放映之"院线模式"、报业之"都市报意识"、广播电视之"制播分离"等在文化产业创新中的先进经验，使四川成为学习交流的热土、获取经验的宝地。这许许多多的"首创""第一次"，不仅拔得头筹，影响华夏，贡献智慧，还成为改革先锋、发展楷模、创新标兵。一时间，四川人挺立潮头，引领风尚，开全国风气之先，创造了"青城坐雨乾坤大"的奇迹，形成了"入蜀方知画意浓"的意境。

这是激动人心的时代，是挑战和机遇并存、生机与活力迸发的时代。这是激情燃烧的岁月，是少年壮志不言愁、为了理想而努力的岁月。作为四川省委宣传部部务会成员，我亲自见证、参与、组织、推动了这一过程。

毋庸置疑，过去深入推进文化体制改革，促进文化事业全面繁荣和文化产业快速发展，使得我国和四川省文化产业政策已经摆脱以经济目标为主体的发展格局，成为政治性目标的重要一环，前途光明，任重道远。发展无止境，探索无终点。一个重视文化改革发展的国家和省份，必定富有活力。

——2012年11月，党的十八大报告指出，要将文化产业培育成为国民经济支柱性产业，扎实推进社会主义文化强国建设。"要坚持把社会效益放在首位、社会效益和经济效益相统一，推动文化事业全面繁荣、文化产业快速发展。""促进文化和科技融合，发展新型文化业态，提高文化产业规模化、集约化、专业化水平。"

——2017年10月，党的十九大报告指出，要推动文化事业和文化产业发展。满足人民过上美好生活的新期待，必须提供丰富的精神食粮。要深化文化体制改革，完善文化管理体制，加快构建把社会效益放在首位、社会效益和经济效益相统一的体制机制。健全现代文化产业体系和市场体系，创新生产经营机制，完善文化经济政策，培育新型文化业态。

——2012年5月，四川省第十次党代会要求，"深化文化体制机制改革创新，推动文化产业成为支柱性产业"。"实施主导产业引领发展战略，做强做大文化旅游、出版发行、影视、演艺娱乐和印刷复制产业，重点培育动漫游戏、创意设计产业。实施大集团带大产业战略，加快培育一批核心竞争力强的国有或国有控股大型文化企业，鼓励和引导非公有制文化企业健康发展，形成以公有制为主体、多种所有制共同发展的文化产业格局。"

——2017年5月，四川省第十一次党代会明确提出，"文化繁荣发展再上新台阶，主流思想舆论不断巩固壮大，公民素质和社会文明程度普遍提升，公共文化服务体系更加健全，文化产业成为支柱性产业，彰显中国气派、富集巴蜀特色的文化软实力明显增强"。

——2018年7月，四川省第十一次党代会第三次会议指出，加快文化强省建设。大力培育和践行社会主义核心价值观，牢牢掌握意识形态工作领导权、管理权和话语权，进一步繁荣发展文化事业、培育壮大文化产业，更好地满足人民群众日益增长的精神文化需求。

——2018年12月，四川省第十一次党代会第四次会议指出：大力培育和践行社会主义核心价值观，传承弘扬中华优秀传统文化，推动巴蜀文化繁荣兴盛，创作更多精品力作，提供更加丰富更有营养的精神食粮，加快建设文化强省。

这些都预示着文化体制改革和文化产业发展，同经济体制改革、政治体制改革、教育体制改革、科技体制改革等一样，将继续与改革开放相伴相生。在今后相当长的一个历史时期中，始终如一地坚持社会主义先进文化前进方向，坚持以人民为中心的工作导向，坚持"以文化人"这条红线，坚持文化产业支柱地位，坚持推动文化产业与公共文化融合发展，坚持双效统一，是文化发展的基本前提、基本原则和底线。

文化越来越成为民族凝聚力和创造力的重要源泉，成为综合国力竞争的重要因素。通过增强文化的吸引力和感染力，让全民参与进来，共同学习提升，共同推广创新，文化的力量将势不可挡。一个文化生机勃发的民族，必将充满希望。

曾经孕育了五千年的三星堆文化，涌现了李白、杜甫、郭沫若、巴金、沙汀、艾芜、马识途等古今名人的文化沃土四川，如今正以一种前所未有的态势使文化发展不断攀上新的高峰。

本书为作者于2000—2010年间所写文章整合而成，所涉及的内容和数据是当时的。特此说明。

2018年12月30日

目 录

第一章 四川文化建设现状分析 …………………………… 001

第一节 四川文化资源优势分析 …………………………… 001
一、四川文化资源概述 …………………………… 002
二、四川文化资源的特点 …………………………… 005
三、四川文化资源的优势 …………………………… 007

第二节 公益性文化事业发展态势 …………………………… 009
一、四川公益性文化事业发展现状 …………………………… 009
二、四川公益性文化事业发展存在的问题 …………………………… 012
三、四川公益性文化事业发展前景 …………………………… 013

第三节 经营性文化产业发展态势 …………………………… 017
一、四川经营性文化产业发展现状 …………………………… 017
二、四川经营性文化产业发展存在的问题 …………………………… 020
三、四川经营性文化产业发展前景 …………………………… 022

第四节 体制性障碍与改革活力分析 …………………………… 025
一、体制性障碍制约着四川文化事业的发展 …………………………… 026
二、改革焕发了文化事业发展的生机和活力 …………………………… 028

第五节 四川文化强省应遵循的发展战略 …………………………… 030
一、四川文化强省建设面临的机遇和挑战 …………………………… 031

二、四川文化强省建设必须坚持的总体发展战略 …………………032
三、四川文化强省建设必须坚持的重点领域 ……………………033

第二章 文化产业与文化强省建设 …………………………… 036

第一节 文化及文化产业的科学界定 …………………………037
一、文化的概念与本质 ……………………………………………037
二、文化产业的科学界定 …………………………………………039
三、文化产业的地位与作用 ………………………………………041

第二节 文化强省建设：以发展文化产业为突破口 …………044
一、文化建省大举措与文化产业大发展 …………………………045
二、集聚创意思想资源、建立文化产业职能机构 ………………047
三、确立以文化产业为突破口的基本定位 ………………………050

第三节 文化产业与西部文化强省建设 ………………………052
一、西部文化强省建设的基本内容和主要目的 …………………052
二、发展文化产业在西部文化强省建设中的重要意义 …………057
三、发展文化产业和建设西部文化强省的主要路径 ……………058
四、发展文化产业和建设西部文化强省的主要原则和基本思路 …060

第四节 西部文化强省建设中的四川文化产业 ………………065
一、文化创造财富，产业支撑发展 ………………………………066
二、四川文化产业的基本概况及特点 ……………………………068
三、四川文化产业发展的差距和潜力 ……………………………072
四、实现四川文化产业跨越式发展的对策 ………………………077

第五节 可持续发展道路上的文化产业与文化强省建设 ……079
一、以科学的态度寻求社会和谐与进步 …………………………079
二、建构充满新人文主义的价值观 ………………………………080
三、把握文化价值目标和促进文化生产力 ………………………082

第三章　城市化进程中的城市文化 086

第一节　城市与城市化 087
一、城市、城市化的概念 087
二、我国城市化的基本情况 088
三、加快城市化进程的重大意义 089

第二节　城市文化的内涵 090
一、城市文化是具有鲜明城市特点的一般文化 090
二、城市文化是城市的灵魂 091
三、城市文化不仅仅是一个城市的文化 092

第三节　城市文化的特征 093
一、时代性与历史性 094
二、地域性与凝聚性 094
三、先进性与导向性 095
四、熏染性与规范性 096
五、整体性与辐射性 096

第四节　城市文化促进城市发展的作用 097
一、城市文化是城市发展的推动力 098
二、城市文化是城市竞争力的源泉 099
三、城市文化是城市的形象 099
四、城市文化是城市发展水平的标志 100

第五节　城市文化：制约城市管理的因素 101
一、导引，是城市管理的首要职能 103
二、规范，具有城市管理实现导引的基础性职能 103
三、治理，具有实现城市管理目标的经常性职能 103
四、服务，具有体现城市管理本质的公益性职能 104

五、经营，具有加强城市管理的经济职能 …………………… 104
第六节　文化提升：城市管理的重要任务…………………………… 104
一、强化文明意识，构建和创设城市人文精神 ………………… 105
二、强化和谐意识，构建和谐社会的精神支撑 ………………… 106
三、强化个性意识，彰显独有风格和特色 ……………………… 107
四、强化科学意识与服务意识，塑造城市精神 ………………… 110
第七节　文化建设：提升城市文化的具体措施……………………… 112
一、认识城市文化的"软"作用 ………………………………… 112
二、提升城市文化的"硬"措施 ………………………………… 114

主要参考文献………………………………………………………… 119
后　记………………………………………………………………… 122

第一章　四川文化建设现状分析

四川省有着非常丰富的文化资源。改革开放以来，四川省的经济实力不断增强，文化事业不断发展，文化产业不断壮大。进入21世纪，省委、省政府提出了建设西部文化强省，奋力推进四川发展新跨越的战略目标。四川文化建设要取得新的突破，必须认真分析和掌握四川文化建设的现状，遵循文化发展规律和市场经济规律，解放和发展文化生产力，培育新的可持续发展的文化支柱产业和经济增长点。我们要积极发展文化事业，努力壮大文化产业，使四川经济、文化、社会发展水平全面提升，树立四川新形象。

第一节　四川文化资源优势分析

文化资源是由文化遗址、传统建筑、宗教文物、民间艺术、民俗仪礼、文化人才、文化机构、文化设施和文化生活等方面构成的，它包括人文景观、自然景观、文学艺术、民俗服饰等，涉及教育、科学、技术、信息等多个领域，它是人类创造并为人类所享用的精神财富。在一切可持续利用的社会资源中，文化资源是最具开发价值的资源。对文化资源的综合利用，已成为衡量一个国家和地区经济发展水平和综合国力的重要标志。四川有悠久的历史，有鲜明的地域特征，有深厚的文化积淀，是一个文化资源大省，这些为四川文化事业和文化产业的可持续发展提供了丰厚的资源基础。

一、四川文化资源概述

自古以来,四川就是中华文化的重要繁育地。在四川丰富的文化宝库中,红色革命文化、巴蜀历史及文学艺术文化、少数民族及宗教名胜文化,以及新中国成立后发展起来的现代高科技文化"四大特色文化"堪称瑰宝,是四川建设文化强省的重要支点。

一是革命传统文化灿烂辉煌。四川是中国工农红军长征经过的主要地区,是川陕革命根据地的中心区域。毛泽东、周恩来、朱德、邓小平等老一辈无产阶级革命家都曾在四川写下光辉的篇章。四川是伟人将帅故里,这里既诞生了朱德、邓小平、李先念、陈毅、罗瑞卿、张爱萍等一批为革命做出巨大贡献的老一辈无产阶级革命家,也涌现了张思德、黄继光、赵一曼等一批对革命产生重大影响的革命先烈,他们留下的长征精神、红军精神是我们进行现代化建设的宝贵财富。四川有许多重要的革命历史文化遗址,如将帅故居和活动地,以及重要战役、战斗遗址等。四川拥有红军长征纪念碑园、川陕革命根据地博物馆、万源保卫战战史陈列馆、泸定桥、彝海结盟地、邓小平故居、朱德故居、陈毅故居以及辛亥秋保路死事纪念碑等全国重点文物保护单位;有辛亥秋保路死事纪念碑、十二桥遗址、广元的红军标语碑林、红四方面军总指挥部旧址、平昌刘伯坚烈士纪念碑、宜宾赵一曼纪念馆;古蔺县红军四渡赤水遗址、石棉县红军强渡大渡河遗址、泸定县红军飞夺泸定桥纪念馆、小金县红军一、四方面军会师遗址,以及松潘县毛儿盖会议遗址等革命纪念地,都是我们今天进行爱国主义教育的重要基地。

二是巴蜀历史及文学艺术文化丰厚独特。四川历史悠久、人杰地灵,自古以富饶的物产、秀美的山川闻名天下,被誉为"天府之国",拥有丰富的历史文化资源。四川与西部7个省区市接壤,是一个多民族的聚居区,又是多种文化的接合部,自古就是"汉藏走廊""治藏依托",具有十分重要的战略地位。四川文物古迹遍布各地，有国家级文物保护单位230处。成都、自贡、宜宾、泸州、乐山、都江堰、阆中7个城市被国务院列为"国家历史文化名城"。四川人才荟萃，古往今来涌现出了许多杰出人物，是我国改革开放总设计师邓小平同志和开国元勋朱德、陈毅等老一辈无产阶级革命家的故乡，孕育了司马相如、李白、苏东坡、郭沫若、巴金、张大千等一批文艺巨星。在历史遗迹方面，四川有世界文化遗产青城山-都江堰，世界文化与自然遗产峨眉山-乐山大佛；有成都平原史前遗址、水井街酒坊遗址、什邡堂邛窑遗址、金堂云顶山宋蒙战争遗址、广汉三星堆遗址、广元朝天峡遗址、宣汉县罗家坝遗址、峨眉山圣寿万年寺铜铁佛像、自贡市燊海井、大山铺恐龙化石群遗址、泸县龙脑桥、德格县德格印经院、茂县叠溪地震古城遗址等历史遗址；有成都的古蜀国大型船棺独木棺墓葬遗址、五代时前蜀皇帝王建的陵墓、五代时后蜀皇帝孟知祥墓、明蜀王陵墓、明蜀王世子朱悦燫墓，以及赵子龙祠墓，绵阳平阳府君阙、中江县塔梁子崖墓群、渠县冯焕阙和沈府君阙、罗江县庞统祠墓、乐山麻浩崖墓、三台县郪江崖墓群、宜宾石城山民族崖墓群、珙县悬棺葬（墓）、兴文县悬棺、雅安市高颐阙、芦山县樊敏阙及石刻、马尔康直波碉楼等陵园墓地；有纪念三国蜀汉君臣的武侯祠、唐代大诗人杜甫流寓成都时修建居住的杜甫草堂，有文君井、郫县望丛祠、江油太白故居、射洪县陈子昂读书台、阆中张飞庙；有乐山五通桥郭沫若故居、眉山三苏祠等名人纪念地；有四川省博物馆、凉山彝族奴隶社会博物馆、宜宾中国竹文化博物馆、茂县羌族博物馆、绵竹年画博物馆、川陕革命根据地博物馆等，处处都是历史悠久、建筑宏伟、艺术精湛、文化深邃的景点，构成了天府之国的历史长廊与多彩画卷。

三是民族及宗教名胜文化绚丽多彩。四川人口众多，少数民族多达55个，少数民族人口539万，是全国第二大藏区、最大的彝族聚居区和唯一的羌族聚居区，其中人数上百万的少数民族有彝族、藏族。藏、彝、羌等民族各有特色的居住、饮食、服饰、婚嫁、节庆等传统习俗,加上织锦、蜡染、灯彩、糖画、剪纸、年画、龙灯、竹编、风筝、竹丝画帘、龙舞、刺绣、弦子、石雕等民间艺术,"变脸""喷火""水袖"等川剧绝技,以及杂技、木偶、皮影、傩戏等,构成了多彩多姿的民族民俗文化资源。四川的宗教文化所包含的宗教景观、宗教仪式、宗教经典等十分丰富,宗教雕塑、宗教音乐、宗教绘画等也各具特色。峨眉山是中国"四大佛教名山"之一,历来是佛教善男信女旅游朝圣的圣地;青城山是公认的道教发源地,更有神秘的藏传佛教、原始宗教等;还有成都青城山道观天师洞、灵岩寺及千佛塔、文殊院、新都宝光寺、梓潼七曲山大庙、江油云岩寺、平武报恩寺、达县真佛山庙群、峨眉山大庙飞来殿,以及德格县八邦寺、圣教法轮寺、康定县塔公寺、松潘县黄龙寺、壤塘县措尔机寺、广元皇泽寺摩崖造像、广元千佛崖摩崖造像、大邑县药师岩摩崖造像、巴中南龛、巴中西龛、巴中水宁寺摩崖造像、通江县千佛岩摩崖造像、夹江县千佛岩摩崖造像、安岳县卧佛院摩崖造像、安岳县千佛寨摩崖造像等,各种宗教景观共同形成了四川绚丽多姿的宗教文化。

四是现代高科技文化异彩纷呈。四川已是全国的科技大省,拥有雄厚的科技研发实力、先进的技术装备和大批高级科研人才,是继北京、上海之后,中国又一个重要的科研基地,综合科技力量位居全国前茅。改革开放以来,四川十分注重实用领域的科技开发和研究,实施了种子工程、科技增粮工程、农业产业化示范工程,大力实施新兴产业工程和改造传统产业工程,实施以20个重大高新技术产业化示范项目为重点内容的"千亿工程",通过发展科技产业推动科技成果在全社会的应用。截至2006年,四川有举世闻名的西昌卫星发射中心,有中国西部的"硅谷"——绵阳科学城,有中科院成都分院、中国工程物理研究院、中国核动力研究院等中央在川科研机构188个,国家级重点实验室11个,两院院士52名,普通高等院校68所,各类专业技术人员169万人,基本形成了一个门类较为齐全、学科较为完整、重点较为突出、实力较为雄厚的科学研究体系、技术开发体系和技术服务体系。

此外，四川也有极具特色的建筑文化资源，大邑刘氏庄园、广汉雒城遗址、北川县永平堡古城、三台县古城、广元昭化古城、自贡西秦会馆、宜宾真武山建筑群、江安县夕佳山民居、荥经县严道城遗址、马尔康县土司官寨、松潘县古城、壤塘县日斯满巴碉房等特色建筑风格各异。四川饮食文化也闻名中外，川菜在我国八大菜系中名列第二位，具有干烧、干煸、鱼香、宫保、麻辣、怪味、椒麻、红油等八大特色，拥有4000多个菜肴点心品种。川酒更是中外驰名，有五粮液、剑南春等中国名酒"六朵金花"，有成为全国重点文物保护单位的泸州市泸州老窖池、水井坊遗址，更有中国最大的白酒原酒生产基地——四川邛崃向阳酒厂。川菜川酒的饮食程序、方式、规则独具特色，奥妙无穷，"吃在四川"，举世公认。

二、四川文化资源的特点

四川文化资源具有分布广、数量多、规模大、品位高的特点，突出表现在五个方面。

一是文化资源品种多样。奇观胜景遍布巴蜀大地，堪称文化资源大省。四川有1个世界文化遗产，1个世界文化与自然遗产，8个国家级和24个省级历史文化名城，230处全国重点文物保护单位和758处省级重点文物保护单位，262个博物馆、纪念馆，有文物藏品419.99万件。

二是文化资源内涵丰富，其中以峨眉山和乐山的佛教文化、都江堰和青城山的道教文化、阿坝和甘孜等少数民族地区的宗教文化、自贡大山铺的恐龙文化等尤为著名，都是具有丰富文化内涵并在世界上有较大影响的特色资源。乐山大佛作为"世界文化与自然遗产"，其宏伟气势使旅游者为之倾倒。都江堰和青城山是"世界文化遗产"，都江堰水利工程至今运作良好，生动体现了中国古代高超的科学技术，是世界水文治理和水利技术发展史上的里程碑。青城山是中国道教发源地，道教现已发展成为东南亚重要教派之一，对东南亚地区的宗教格局产生了巨大影响。

三是文化品位及科学价值高。三星堆出土的文物世界闻名,其青铜面具与世界奇迹古埃及金字塔一同登上了埃及邮票。近来,三星堆遗址与金沙遗址出土的青铜器所代表的青铜文化,已被有关专家认定为一种独一无二的中国文化,将其与长江文化、先秦文化等提到了同样高度予以研究。"中国民间艺术(石刻艺术)之乡"安岳县的安岳石刻以其"古、多、精、美"的特点而闻名海内外,全县有石刻造像共10万余尊,其中,有1300多年历史的卧佛院中的全身卧佛造像是全国现存最早、最完整的摩崖卧佛造像。毗卢洞紫竹观音是北宋石刻艺术精品,享有"东方维纳斯"的美誉。安岳石刻不但规模宏大而且内容多元化,被誉为"中国古代雕刻的又一伟大宝库"。建于1300多年前的阆中古城有堪称全国一流的古民居保护区,保存了有1.5平方公里古街古院的古代城市风貌,永安寺、大佛寺、滕王阁、张飞庙、巴巴寺等数十处人文景观如诗如画,杜甫、陆游、司马光、苏轼父子等名流都先后来此观光或旅游,留下大量墨宝和诗篇,是一座融自然风光、名胜古迹、宗教文化和神话传说于一体的古城。此外武侯祠、杜甫草堂、皇泽寺摩崖造像、自贡大山铺恐龙化石遗址、泸定桥、德格印经院、江安县夕佳山民居、悬棺葬、茂县羌寨古碉和藏、羌、彝族风俗风情以及有中国的"庞贝古城"之称的茂县叠溪地震遗址等都是国家级的旅游文化资源,具有极高的文化品位和科学价值。

四是民俗风情独具特色。四川的彝族大都世居在大、小凉山的深山峡谷之间。彝乡的图腾崇拜、巫术、韵语歌唱、服饰等是彝族人民独有的人文资源。歌曲《火车开进大凉山》唱遍大江南北,每年农历六月二十四日的彝族火把节享誉中外。四川羌族居住地较为集中,其原始宗教、白石崇拜、"萨朗"、羌笛、碉房碉楼、水葬、笮桥等风尚、习俗在世界独一无二。理县桃坪羌寨距今已有两千多年的历史,寨子里最古老的建筑是两千年前用黄泥、片石作材料建成的。寨外有8个门,按照八卦布局,寨内有13条四通八达的通道互为联结。高大的石碉与民居合二为一,是寨内的典型建筑,是当今世界上唯一保存完好的羌族古寨，被称为"神秘的东方古堡"。四川的藏族主要居住在川西和川西北广大地区，独特而又章法严密的宗教舞蹈、辩经、晒佛、大法会、祭祀、转山会、燃灯节等活动，是研究和观赏藏传佛教和宗教文化的重要内容。

五是文化品牌享誉全球。三星堆遗址是新石器时代至商周的古蜀文化遗址，总面积达17平方公里。遗址中出土了大量的石器、陶器、玉器、金器等，其中，以出土的青铜器最为精美。三星堆遗址展示了古代蜀国高度发达的青铜文化，证明这里是早期蜀国的政治、经济、文化中心，有"世界第九大奇迹"之称，被誉为20世纪人类最伟大的考古发现之一。大邑刘氏庄园是一组总面积达6万平方米的庄园建筑群，始建于清代中期，是四川大地主刘文彩及其五兄弟的公馆。庄园建筑规模宏大，雄伟壮丽。塑于老公馆内的泥塑群像《收租院》，前后环延118米，共塑真人般大小人物114个，造型逼真，表情丰富，生动再现了当年佃农向地主交纳地租的场景。全组群像有如一幅半殖民地半封建社会中川西农村的历史画卷。这些遗址的文化品牌享誉全球，价值得到世界公认。

三、四川文化资源的优势

四川是一个文化资源异常丰富的省份，文化品类齐全、品位极高，文化优势明显，在国内乃至世界上独树一帜，开发潜力十分巨大，开发前景十分广阔。

一是国家级历史文化名城数量在全国排名前列。截至2006年，全国现有国家级的历史文化名城104座，四川8个，位居西部第一。

二是世界文化遗产数在全国名列第二。1972年10月16日，联合国教科文组织通过了《保护世界文化和自然遗产公约》，包括中国在内的缔约方迄今已达182个。从1978年公布第一批世界文化遗产名单起，中国的世界文化和自然遗产已达55项，其中，世界文化遗产（含双遗产）37个，北京7个，名列第一，四川2个，与山东、安徽和河北并列全国第二，在西部位居第一。

三是全国重点文物保护单位数、重点文物数量名列西部前茅。四川共有国家级重点文物保护单位230处，可移动文物数量达到180万件（套），数量位居全国第七。其中，国家一级文物3400余件。仅国家文物局公布的"禁止出国（境）展览文物"，就有三星堆出土的青铜神树、玉边璋、青铜大立人、黄金手杖，以及金沙遗址博物馆的太阳神鸟金箔，绵阳市博物馆的青铜摇钱树等多件。

四是古蜀文化和民俗文化绚丽多姿。四川地域辽阔，造就了丰富多彩的民间民俗文化，有文化部命名的"自贡彩灯之乡""石刻之乡"安岳等"中国民间艺术之乡"和"中国民间特色艺术之乡"，还有歌舞、川剧、灯戏、大木偶、藏戏、杂技、清音等，如凉山彝族自治州歌舞团、甘孜和阿坝等地的藏戏团等，在国际上都极具影响，有"中国情歌王国"康定，有"浓缩了的西藏"之称的理塘、"火把节"的故乡西昌，有康巴草原的赛马会以及"变脸""吐火""藏刀"等具有四川特色的川剧艺术表演，这些在全世界都是独一无二的，具有极高的文化价值。

从纵向看，四川悠久的历史积淀了丰厚的历史文化资源；从横向看，四川多民族的共生共存孕育了绚丽多彩的民族文化资源；从自然环境的角度来看，四川地形、地貌以及生物的多样性造就了旖旎迷人的自然风光，为文化旅游业的发展提供了极佳的条件。如果我们从经济社会发展的现代化趋势来看，文化资源是四川最重要、最宝贵的资源之一。可以说，四川是一个文化资源富矿，而且这些丰富而独特的资源正适应和吻合了现代市场经济和知识经济的特征、要求、方向及趋势，蕴藏着极高的经济价值，是四川塑造文化影响力和全新形象的无穷宝藏和财富，是四川文化事业发展必须首先加以利用的得天独厚的优势条件和深厚基础，更是四川实行可持续发展的不竭源泉和潜力所在。因此，在文化和经济日益一体化的今天，我们必须用市场经济的眼光来重新审视和梳理我们的文化资源，要站在产业发展的角度来认识历史和自然赋予我们的独特优势,从经济开发的角度来认识四川文化资源优势,更好地为文化事业的发展寻求最坚实的物质基础。只要在保护的前提下科学地对这些资源加以开发利用,就能够形成规模庞大的文化产业群,为把文化产业培育为四川新的支柱产业提供可靠的保证。更为重要的是,在开发利用文化资源的过程中,必须树立强烈的创新意识,不能只是粗放式的简单加工,要应用与市场需求相吻合的现代理念,采用高新技术和手段,提升文化产品的艺术含量和科技含量,着力提高产品的附加值,尽力把资源型产业转化成以资源优势为依托的科技创新型产业。所以,我们要抢抓机遇,注重保护、整合和开发各种文化资源,培植文化影响力,形成富有特色的文化产业,使文化资源优势转变为产业优势,进一步繁荣文化事业、发展文化产业,推动四川文化建设,实现由文化资源大省向文化强省的跨越。

第二节 公益性文化事业发展态势

一、四川公益性文化事业发展现状

近年来,四川认真坚持"二为"方向和"双百"方针,以满足人民群众日益增长的文化需求为出发点,扎实推进文化领域的思想理论建设、文化体制创新和机制建设、法制建设、阵地建设、队伍建设,各项文化事业都得到了较快的发展,为进一步发展四川文化事业奠定了良好的基础。

一是文艺体制改革继续深化。建立与社会主义市场经济体制要求相适应的用人机制、艺术创作和生产机制、演出经营机制。政事、政企、管办"三分开"迈出实质性步伐,文化企事业单位内部劳动人事、绩效分配和社会保障三项制度改革取得实质性进展。"改革是发展繁荣文艺事业的根本出路",已成为文艺系统广大干部职工的共识。

二是文艺创作生机盎然。坚持以繁荣文艺为中心，创作内容丰富、题材多样的文学艺术作品，推出了一批思想深刻、艺术精湛、风格多样的优秀文艺作品，文学创作呈日趋活跃的态势，特别是文学、影视、舞台艺术日益繁荣，逐步形成了以民族特色为主导的创作群体和演出市场。截至2005年，"茅盾文学奖"评选了六届，《许茂和他的女儿们》（周克芹著，获第一届"茅盾文学奖"）、《战争与人》（王火著，获第四届"茅盾文学奖"）、《尘埃落定》（阿来著，获第五届"茅盾文学奖"）、《英雄时代》（柳建伟著，获第六届"茅盾文学奖"）等作品有四届榜上有名，这在全国是独一无二的；《焦裕禄》《被告山杠爷》《鸦片战争》《遥望查理拉》《尘埃落定》《淘金记》《誓言无声》《康定情歌》影视作品获华表奖、金鸡奖、百花奖、飞天奖、金鹰奖等大奖；在舞台艺术方面，四川共创作4000多个剧（节）目，共有40项艺术作品获得国家"五个一工程奖"；川剧《山杠爷》《死水微澜》《变脸》，话剧《辛亥潮》《船过三峡》，舞剧《远山的花朵》，木偶剧《哪吒》《红地球、蓝地球》等，荣获文化部文华大奖及新剧目文华奖；还创作了《大唐华章》《金沙》等在国内外产生了较大影响的作品。这些作品形成了四川独特的文化景观。

三是群众文化空前活跃。一个由政府文化部门主办，有关部门共建，社会、集体、个人共同参与，多体制、多层次、多形式、多渠道兴办群众文化事业的新格局已经形成。社区文化、企业文化、校园文化、军营文化、家庭文化蓬勃发展。截至2006年，四川拥有21个市级群众艺术馆、181个区县级文化馆。群众参与文化活动的热情日益高涨，群众文化的基本阵地网络初步形成，专兼结合的基本队伍不断壮大，群众文化活动基本内容不断充实，基本方式日益丰富多样，群众业余文艺水平明显提高，老年群众、少年儿童、少数民族等群体的文化生活受到普遍关注。

四是新闻出版事业迅猛发展。产业格局从单一的图书出版业发展到书、报、刊和音像、电子出版多元经营，初步形成了包括出版、印刷、发行、物资供应、出版贸易等在内的新闻出版产业格局。截至2005年，四川已有图书出版社16家，出书范围涵盖了政治、经济、文学、艺术、科技、棋艺、旅游、地图、古籍整理等各个方面，2005年出版图书4000余种；音像、电子出版（复制）单位21家，年生产能力达到1300多万片（盒）；公开发行的报纸98种、期刊323种，报刊内容涉及自然科学、社会科学以及为社会和人民综合服务的各个方面，成为全国报刊门类最齐全的少数几个省之一；印刷企业3334家，图书发行网点4600多个，构成了一个完整、高效的发行网络，年销售出版物超过30亿码洋；形成了一批舆论导向正确、人民群众喜闻乐见的品牌报刊，出版了一大批具有较高思想价值、文化积累价值和实用价值的优秀出版物。

五是广播电视事业稳步发展。全省已初步形成以省级广播电台、电视台为中心，采用卫星传送、覆盖为主，有线、无线相结合，市（州）广播电视台为骨干，县、镇（乡）广播电视台（站）为基础的，多层次、综合性的广播电视传输覆盖网络。成功举办了八届中国四川电视节，进行了国际性节目评比和节目、设备交易。

六是文博事业蓬勃发展。四川省人民政府坚持"保护为主，抢救第一"的方针和"有效保护，合理利用，加强管理"的原则，大批濒临毁坏的文物得到抢救和保护，考古发掘与研究取得突破性进展，大型遗址保护成效明显，博物馆在社会教育中发挥着日益重要的作用，四川现已初步建立起文物保护管理工作体系，逐步走上了科学化、法制化的管理轨道。四川有国家级历史文化名城7座、全国重点文物保护单位40处、省级历史文化名城（镇）46座、省级文物保护单位268处。成都武侯祠博物馆、自贡市盐业历史博物馆、成都永陵（王建墓）博物馆、大邑刘氏庄园博物馆等，被国家文物局评为全国优秀博物馆和全国优秀社会教育基地。四川省加大了对文物维修经费的投入，平均每年完成40个以上的抢救维护项目，其中重点维修工程有10处以上，使一大批地面不可移动文物得到了妥善有效的保护。同时，省政府积极推进基本建设，抢救发掘地下文物，发掘整理了华蓥安丙墓、成都平原史前城址群、成都市水井街老烧坊遗址、三峡库区中坝遗址等重大成果。三星堆遗址发现的两个大型祭祀坑出土的上千件文物，轰动了全国，震惊了世界，成为我国20世纪重大考古发现之一。在色彩斑斓的出土文物中，青铜神树、青铜立人像、青铜人面具等堪称旷世神品，以金杖为代表的金器和以玉边璋为代表的玉石器亦多属稀世之珍。

七是文化交流日趋活跃。四川文化交流渠道进一步拓宽，交流层次和水平不断提高。在引进外国的优秀艺术作品的同时，充分展示和传播了四川人民灿烂辉煌的文化艺术。文化交流在增进各地对四川的了解和提高四川的知名度和影响力的进程中发挥了极其重要的作用。

二、四川公益性文化事业发展存在的问题

在文化事业繁荣发展的同时，也存在着一些矛盾和问题。

一是对文化事业发展重视不够。少数地方和部门对文化在经济社会发展中的重要作用缺乏全面、深刻的认识，对文化建设重视不够，文化工作排不上党委、政府的议事日程，一些文化建设任务得不到落实。

二是对文化事业发展投入不足。文化事业费由于基数较小、欠账较多，增长仍然较慢，文化事业投入总量偏少、比例偏低的局面未得到根本改观，基层公共文化设施建设严重滞后于经济建设的发展和人民文化生活的需要。

三是文化事业发展不平衡。城乡之间、地区之间差距进一步扩大，农村文化站、图书馆（室）的设施建设、网点分布、服务能力比较落后，农村特别是贫困地区的农民的文化生活仍较为贫乏。

四是文艺产品质量不高。产品质量的提高滞后于数量的增长，创

作水平的提高滞后于人民群众欣赏水平的提高，文艺作品在反映时代进步、满足人民群众需要等方面还存在较大差距，国家级专业艺术团体的艺术水平和管理水平与世界一流艺术团体的水准差距非常明显。

五是文化市场结构不合理。文化娱乐市场的种类、规模、档次等方面结构不合理，经营环境亟待改善，娱乐市场中违法经营活动屡禁不绝，亟须加强治理。

六是文化体制机制不健全。适应社会主义市场经济的文化管理体制和艺术生产机制尚未健全；文化管理手段落后，艺术生产机制不够灵活，筹资渠道尚未形成；文化产业发展不充分，总量、规模偏小，社会化、产业化程度较低。

七是文化法制不够完善。有关文化的立法相对滞后，文化市场法制建设虽较健全但仍需进一步完善；法规数量偏少、效力层次偏低，体系尚未形成，执法体制有待进一步完善，执法队伍素质参差不齐；文化政策对现实的反应灵敏度不够，政策调控能力较弱。

三、四川公益性文化事业发展前景

随着改革的不断深入，经济的快速发展，人民生活水平大幅度提高，人们对文化生活的需求更加迫切，在对文化事业的发展提出更高要求的同时，也为文化事业创造了更多的发展机遇。因此，加快发展四川公益性文化事业，坚持把社会效益放在首位，充分利用四川的文化底蕴、资源条件和产业基础，继承革命传统文化，创新巴蜀优秀文化，汲取世界文化精华，发展现代先进文化，成为四川公益性文化事业发展的主题。

一是大力发展教育和科技事业。大力推进办学体制、管理体制和教育教学体制改革，在巩固"普九"成果、提高"普九"质量的同时，着力提高高等教育的总体水平和办学实力，建成一批高水平的全国重点大学和重点学科，把职业教育作为一个大战略来抓。坚持技术创新，以发展高新技术为重点，以实现产业化为目标推进科技事业。

面向农业增效、农民增收和农村致富，面向培育壮大六大支柱产业，面向培育和形成新的经济增长点，建成一批农业科技园区、国家级大学科技园区，以及具有国内先进水平的高新技术产业开发区和具有国际竞争力的高新技术企业集团。着力培养和引进一批知名专家和适应市场竞争的科技创新人才，资助培养一批中青年学科带头人，形成以政府为引导、企业为主体、金融机构及社会多渠道投入的科技投融资体系。

二是积极发展文化事业。加强邓小平理论、"三个代表"重要思想、科学发展观，四川经济社会发展、县域经济发展、巴蜀文化、少数民族文化五大研究基地的建设，不断繁荣哲学社会科学。壮大报业集团、发行集团和期刊集团、出版集团、广电集团、电影集团、博文集团，把成都培育成为立足四川、辐射西部、面向全国的出版、发行、印刷、复制中心，把四川建设成西部地区的出版强省和全国出版发行的重要基地；并在此基础上把广播电视集团和电影集团建成跨行业、跨地区的多媒体传媒集团。实施精品战略，培育一批国内领先的学术、科技期刊，推出一批具有全国影响的电视名牌栏目，每年出版一批社会广泛认可的精品之作，创作一批在全国有影响的优秀剧（节）目，推荐一批作品参评全国"五个一工程"并获奖。积极发展演艺娱乐业、会展业和艺术品业，不断丰富文化消费市场。大力推进全民健身运动，进一步提高竞技体育整体实力。加快发展体育产业，大力开发和培育体育市场，形成结构合理、项目齐全、管理完善的体育产业体系。

三是加快发展文化旅游业。突出抓好四大世界遗产和三星堆、金沙等历史文化遗址的发掘、保护和有效利用工作，完成三星堆遗址、金沙遗址和川西高原藏羌碉群世界文化遗产的申报工作，大力提升以九寨沟-黄龙、峨眉山-乐山大佛、都江堰-青城山、蜀南竹海为目的地的4条旅游精品线路的文化内涵和文化品位。四川有众多的国家历史文化名城和文化古镇，应充分展示它们的文化风格和地方特色，努力把它们培育成我省旅游文化中的新亮点。要把川剧、曲艺、武术、杂技、民族歌舞表演与旅游结合起来，活跃旅游演出市场，提高旅游活动的文化附加值。积极实施"走出去"战略，加大旅游文化的营销力度，开拓国际、国内两个市场，形成四川文化旅游业面向全国、走向世界的开放格局。

四是建立布局合理的文化设施体系。以成都为中心，以区域性中等城市为环线，建设一批西部领先的重点文化设施。在馆藏科普方面，要高起点规划、高标准建设，把四川博物馆新馆工程、四川省图书馆新馆工程和四川省科技馆工程建设成我国一流的文化工程；在体育文化方面，要以全省国民体质监测网络和省体育活动中心为重点，继续抓好各级公共体育设施的建设；在网络发展方面，以建立全国名牌网站为目标，积极加强重点网站建设，大力发展和扶持一批从事教育软件和文化娱乐软件开发制作的专业公司，把成都建成西部教育软件、文化娱乐软件和动漫的开发基地和光盘生产基地；在旅游开发方面，合理调整布局，优化资源配置，有计划地建设一批标志性文化设施，改造一批现有的旅游基础设施，积极打造省—市（区县）—街道（乡镇）—村社（社区）四级公共文化设施体系，逐步形成与现代化进程相适应的覆盖四川的文化基础设施体系。

五是加大文化资源和品牌保护力度。对四川的文化资源进行全面的调查和价值评估，彻底摸清文化家底，并从加强文物资源和现有文化品牌保护、特色文化内涵挖掘、特色文化遗产宣传等方面着手制订完善的方案。

六是建设高素质的文化人才队伍。创造能上能下、能进能出、选优汰劣、合理流动的用人机制，鼓励优秀人才毛遂自荐。利用现有文化艺术教育资源，加强对现有人才的培训，着力培养一批和面向全国、全社会招聘引进一批急需的高级专业人才和复合型人才，集聚优秀人才，形成人才优势。

七是努力构建公共文化服务体系。积极推进公共文化服务体系建设，加强文化服务机制、服务设施、服务机构和队伍的建设，对公益性文化单位在数量、布局和种类上进行统筹规划，逐步构建结构合理、发展平衡、资源共享、网络健全、运营高效、服务优质的覆盖全社会的公共服务体系，为广大人民群众提供良好的文化、教育、科技、卫生、体育等方面的公共服务。

加强公共文化服务机制创新，深化文化体制改革，转换机制，增强活力，改善服务，不断满足社会需求。充分发挥公共财政的支撑作用，完善公共文化财政投入政策，探索形成政府主导、社会参与、市场运作的公共事业发展新格局，推进公共文化服务供给方式的多元化，进一步扶持公益性文化事业。加快公共文化基础设施建设，推进全国文化信息资源共享工程和基层文化阵地建设工程，大力加强"三馆一所一站一室"的基层文化设施建设，突出抓好创建文化先进县、中国民间艺术之乡、非物质文化保护工程和乡村、社区文化建设工程，逐步建立覆盖全省、市、县、区、镇（乡、街道）、村（社区）的公共文化服务网络。不断丰富文化内容、培育文化品牌，提高公共文化服务能力，满足不同社会群体多层次、多样化的文化需求，使全社会共享文明成果。

大力发展集镇文化、乡村文化、社区文化、企业文化和校园文化，加强群艺馆、文化馆（站）业务创作队伍、专业文艺团体、民间群众文艺社团三支队伍的建设，广泛开展群众自编自演、自娱自乐的健康有益的文化活动，通过组织"文化下乡"和城乡民间艺术社团巡演等形式，把精神食粮送到群众身边。

大力倡导社会力量办文化，鼓励社会资金兴办公益性文化事业，资助创办民间文艺剧团，扶持文化企业、农民文化户和社区民间文艺社团等社会团体自办文化。

加强社会主义新农村文化建设，完善广播电视"村村通"工程，大力实施农村电影放映工程、"电视进万家工程"、"万村书库"工程，完善文化产品流通体系，繁荣农村文化市场，为农村和农民提供更多更好的精神文化食粮，丰富农民群众精神文化生活。

第三节 经营性文化产业发展态势

近年来，四川文化产业已经取得了长足发展，产业格局初步形成，文化市场快速发育，基础设施不断加强，发展环境不断优化，文化资源的潜能得到释放，发展规模在西部地区位居第一，具有广阔的发展前景。

一、四川经营性文化产业发展现状

改革开放尤其是20世纪90年代以来，尽管四川在整体上经济并不发达，但四川文化产业却利用丰厚的历史文化资源和独有的文化创新发展优势，异军突起，获得快速发展，初步形成了由新闻出版业、广播电视业、文化娱乐业、演出业、电影制作发行放映业、艺术教育业、文博旅游业、图书文献信息业等组成的面向市场的文化产业服务体系，涌现出一批具有较强实力的文化产业单位，优势项目初露端倪，社会效益和经济效益开始显现。

一是产业格局初步形成。四川初步形成了以新闻出版、广播影视和文化演艺为主，涵盖不同领域的多元化产业结构；以大型国有文化产业集团为龙头，多种文化经济实体并存的微观主体框架；以中心城市为核心，辐射带动县、乡、集镇的产业区域布局。其最主要的特征是：初步实现了由初级阶段的"以文补文"经营活动向文化产业方向转化，文化的产业属性正逐渐成为社会的共识；国办文化的垄断局面被打破，形成了以国有文化企业为主体、多种经济成分并存的格局；社会主义市场经济条件下，文化产业运行机制正在发生显著变化，出现了明显的规模经营、集约经营、综合经营的发展趋势，在发行、报业、期刊、广电、电影、演艺、文博等领域出现了一批较有实力的扩张中的文化企业，四川文化产业界的重组、联合与扩张正在进一步深入；在产业结构中，传统文化产业受到挑战，新兴文化产业迅猛发展。虽然目前传统文化产业在总体结构中的占比较大，但已难满足现代生活多元化、多层次的文化需求，而一些新兴文化产业，特别是与其他产业相结合的产业，如艺术教育、文博旅游、艺术表演、文化信息等则显示出较强的市场盈利能力和巨大的市场扩张潜力；文化产业规模迅速扩大，已达到了一定水平，文化产业已经成为国民经济中一个不可忽视的组成部分和新的增长点。截至2004年年底，全省新闻出版、广播影视和文化演艺三个领域文化总资产484亿元，总收入279亿元，上缴税金近12亿元。

二是文化企业迅速成长。国有文化单位通过体制创新、资源整合，激发了内在活力，增强了综合实力。各类民营文化企业快速发展，呈现出强劲的成长势头，文化产业发展有了比较坚实的依托。截至2006年，已组建了四川新华发行集团、四川日报报业集团、四川出版集团、四川广播电视集团、峨眉电影集团、四川党建期刊集团、四川博文集团（筹）、成都日报报业集团8个大型文化产业集团，各文化产业集团综合实力明显增强。四川新华发行集团自创"文轩"和"时代新华"两个连锁品牌，网点遍布全川，拥有直营连锁店近300个，营业面积15万平方米，进而涉足文化城、酒店、出租车等多个产业。2000年到2004年，四川新华发行集团总资产从19亿元增至36.7亿元，年均增长17.89%；净资产从10亿元增至15亿元，年均增长10.67%；年销售收入从34.6亿元增至50亿元，年均增长9.67%；利润从7470万元增至1.6亿元，年均增长20.98%。报业集团、广电集团、出版集团发展势头强劲，成都日报报业集团经过整合成都日报、成都商报和成都晚报，总资产达到23.3亿元，是西部最早拥有上市公司的文化产业集团。截至2006年，四川广播电视集团总资产为17.48亿元，四川出版集团总资产为14.5亿元，四川日报报业集团总资产为10.7亿元。与此同时，民营文化企业快速发展，各种广告公司、印务公司、文化中介公司、文化工作室、文化发展中心、影视制作中心、演艺团体、艺术培训、娱乐休闲、古玩字画等经营性机构积极拓展市场空间，呈现出强劲的成长势头。如德阳市杂技团从昔日的马戏团发展成如今拥有固定资产3000余万元和200多名演职人员的大型杂技团，年收入超过千万元，排名国内杂技行业前十位、民营杂技行业第一位；遂宁市杂技团从一个只有十几人的民间演艺班子发展壮大为拥有108名演员、500多万元固定资产、年收入近200万元的大型杂技团，并曾在四川乃至全国的杂技比赛中荣获全国青少年杂技比赛"银狮奖""铜狮奖"和"巴蜀文艺奖"等10多项大奖；九寨沟藏羌风情演出已成为重要的旅游项目；金手指等一批文化中介公司组织策划了一系列重大文化活动，繁荣了文化市场。

三是文化产品和服务市场繁荣发展。文化产品市场和生产要素市场建设步伐加快，社会化的现代流通方式和多元化的文化投融资机制初步形成，市场在文化资源配置中的基础性作用明显发挥。文化市场健康发育，市场潜力加快释放，居民消费水平不断增长，消费形式更加多样。文艺创作生产机制逐渐转变，产品种类增加、质量提高，市场占有率、上座率、收视率提高。市场主体十分活跃，国有和民营的各类文化机构积极拓展市场，出现了报刊、影视、音像、演艺、培训、文物古玩、网络服务等多种形式，新兴数字娱乐消费异军突起。2004年，四川文化演艺、文博市场营业总收入129亿元，同比增长14.9%。影视消费持续升温，截至2004年，仅太平洋、峨眉、星美等四川三条电影发行院线，其中太平洋、峨眉两条跨省发行。截至2004年，仅太平洋院线票房收入占全国总票房的5.5%，位居全国院线前列。新兴的数字娱乐消费市场十分活跃，全省网络用户突破500万，网吧7800余家。同时省政府通过加强文化执法监督，坚持"一手抓繁荣，一手抓管理"，认真开展"扫黄打非"、治理报刊散滥工作，市场秩序不断规范。

四是重点文化基础设施建设初具规模。建立了基本覆盖四川的广播电视网络，4276个群众文化机构、艺术机构、文物机构组成的文化传输网络以及96家报社、5个重点新闻网站组成的新闻传播网络。规划建设了巴金文学院、沫若艺术院、四川日报报业集团印务中心、四川出版大厦、中国西部出版物流配送中心、四川广播电视高塔、四川省博物馆新馆、西部传媒中心、四川广播电视中心、四川省图书馆新馆等重点项目。基础设施建设不断夯实，文化产业发展有了重要的支撑。

五是文化体制改革取得实质性进展。围绕深化改革、促进发展，政府行政管理部门加快职能转变，完善管理方式，强化了依法行政和行业监管。省级和部分市级新闻出版、广播影视产业实现了政事、政企和管办"三分开"，明确了各自的职能。国有文化单位以深化劳动、人事、分配三项制度改革为重点，积极推进体制创新。经营性文化事业单位改制步伐加快，首批转制的6个产业集团和12家演艺单位进行了资源整合、资产重组，推进公益性文化事业和经营性文化产业的分离。四川新华发行集团经过授权经营、整体改制，初步建立了现代企业制度，进行了股份制改造，成立了上市公司。

二、四川经营性文化产业发展存在的问题

四川文化产业发展在经过改革开放20余年的实践后取得了一定程度的进展，潜力和后劲巨大，但就整体而言，目前仍然有很多突出的矛盾和问题。

一是思想解放不够。部分政府部门的领导同志对发展文化产业的必要性、重要性认识不足；对如何定位文化产业还没有较为统一深入的认识，不少从业者既盼望改革又害怕改革，不同程度地存在观望心理。对文化产业发展统筹前瞻性研究、谋划和支持实施不够，有的同志受传统观念的束缚，思想不解放，工作不大胆，过分强调文化的意识形态特性，缺乏发展文化产业的紧迫感；有的同志在一定程度上认识到了发展文化产业的必要性和重要性，但"想治病，又怕打针"。由于认识上的原因，各地抓文化产业发展的力度差异明显，发展不平

衡，地域差异以及传统与新兴行业间的不平衡现象十分突出。

二是文化体制改革滞后。目前的文化体制与社会主义市场经济和对外开放的要求不相适应的矛盾仍然比较突出，现行文化管理体制和运行机制已不适应现实需要。宏观管理上政出多门，政府文化管理部门还未走出直接办文化的管理模式，行业管理十分薄弱；政府对国有文化企事业单位的管理多沿用计划经济时期的方式；文化单位资产用途单一，国有资产使用效率低下；对国办文化企业缺乏必要的、行之有效的经济调控手段，对经营责任人缺乏有效的奖惩管理机制。不少国办文化企事业单位内部改革严重滞后，机制不活，管理不善，创新能力不足，未建立起有效的现代化的文化生产和组织形式，缺乏市场应变能力和开拓市场的动力、压力和办法，不同程度地存在着"等、靠、要"的思想。

三是文化市场不完善。对在新形势下如何培育、繁荣、规范文化市场，以便引导文化产业发展不够重视，研究不够，办法不多。文化生产、消费、中介、人才等市场网络不健全，市场开放度不高，流通渠道不畅，投资主体单一，行业限制过多，市场对人才、资金、技术、信息、项目等文化资源配置的基础性作用难以发挥，文化资源闲置、浪费严重；文化市场管理政出多门，行政管理部门随意检查，乱收费现象时有发生。同时，文化产业发展的外部环境不宽松，文化经济政策难以落实，税费繁多，企业负担沉重。据成都市的统计，文化企业要承担的各项税收名目达8种，收费10余种，企业不堪其重；同时，国办文化企业因土地属国家划拨，难以比照其他工业企业以土地、厂房等资产作抵押向金融机构贷款，资金紧缺已成为制约文化企业改制、发展的瓶颈。

四是文化产业结构不合理。文化产业结构存在着小、散、层次偏低和缺乏再扩张能力等问题。传统文化企业数和从业人员数在四川文化产业企业中占绝对优势，而新兴行业如艺术教育、文博旅游、文化信息等所占份额很小。这一方面影响了整个文化产业的现代科技含量和税利的提高，不能适应人们对文化产品高科技化的要求；另一方面也制约了文化企业的竞争能力和后续发展。同时，文化产业大都处于小规模分散化的经营状态，现代化的文化产品生产和组织方式应用甚少，企业资金实力、人才实力和产品创新能力较差，社会化、市场化、规模化程度低，抵御市场风险的能力较弱。

五是文化产业经营管理人才缺乏。文化人才优势作用发挥不够，既懂文化行业特性又熟悉经营管理的人员紧缺。国办文化企业的管理者不少来自行政队伍或演职员行列，对企业的经营往往是从实践中摸索得出的朴素管理办法，缺少必要的管理营销理论修养，文化企业急需培养和引进高层次文化产业管理、营销人才。

三、四川经营性文化产业发展前景

目前文化产业已成为经济的支柱产业和新的增长点，文化产业的发展已经成为世界潮流，作为新兴的朝阳产业在国民经济发展中具有越来越重要的地位。因此，四川要做大做强文化产业，形成自己的产业优势，必须发挥四川的比较优势，挖掘文化资源的潜力，从培育市场主体和产业龙头入手，以大集团带大产业，以大产业促大发展，推动文化创新，深化文化体制改革，加快推进文化产业结构优化和升级，着力壮大文化产业龙头，做大做强文化产业集团，构筑文化经济发展新格局，提升文化经济竞争力，使之快速发展。

一是更新思想观念，创新运行机制。四川文化产业发展的关键是转变思想观念，进行机制创新。近几年来，全国有十几个省、市充分认识到了发展文化产业的重要性，纷纷提出"建设文化大省"或"建设文化强省"的战略目标，制定了"建设规划纲要"，政府还专门颁布了具体的优惠政策与规定，为文化产业发展鸣锣开道。作为西部文化大省的四川，更应有前瞻眼光和开拓意识，在体制、机制创新方面下大功夫，深化文化体制改革，创新政府部门的管理机制，创新现行的文化事业单位的运行机制，创新文化产业投融资机制，创新优秀原创产品的制作机制，创新文化企业的运行机制，创新有利于专业技术人才脱颖而出的培养机制和引进机制，为文化产业发展提供体制与机制动力。同时，采取一系列有力措施，促使各级政府及主管部门转变职能、简政放权，强化管理与服务职能，以政策指导、法规约束、信息服务、检查监督为主要内容进行宏观管理，把部分微观的文化行政管理职能交由行业组织履行，并使二者有机地结合起来。

二是坚持市场取向，完善规划布局。按市场经济规律办事，深入研究市场需求，准确把握人们的文化消费心理和习惯，运用市场经济的运作手段和经营模式，大力发展文化产业。面向市场，奋力开拓市场，适应不断发展变化的新形势，通过各种方式和途径推介四川的文化产业项目，使之尽可能多地打入国内、国际市场。应在拓展市场的同时积极引导市场，立足于自身优势，支持文化创新；搭建文化平台，活跃文化市场；积极发展文化中介机构，引导受众消费；着力打好建设牌、发展牌、规范牌、管理牌，做到管理有效、繁荣有方。制定文化产业发展规划，编制文化产业发展指导目录，建立科学的文化产业统计指标体系，引导文化产业发展。着力培育"一个文化中心"、突出"四大特色文化"，即把成都培育成文化建设整体水平在西部地区名列前茅的重要文化中心，突出现代高科技文化、革命传统文化、巴蜀历史及文学艺术文化、少数民族文化。不断优化文化产业区域布局，形成以成都为龙头、各区域中心城市为主干，布局合理、各具特色、相对集中、功能互补的区域文化产业发展格局。综合运用财政、税收、信贷等经济杠杆，鼓励多种经济成分投资经营文化产业，大力发展民营文化企业。进一步扩大文化领域对外开放，发展外向型文化产业。

三是加快结构调整，促进多元经营。健全资源优化配置机制，加快结构调整，提高集约化经营水平和产业集中度，坚持以大集团带大产业，形成一批具有带动和示范效应、拥有自主知识产权和文化原创能力、主业突出、核心竞争力强的文化产业集团，并大力发展"专、精、特、新"的中小型文化企业,不断调整和优化文化产业结构,推动文化产业升级。进一步整合文艺演出、书报刊、广播电视等资源,着力解决重复建设、结构失衡、忽视效益等问题,解决报刊散滥问题。重点建设覆盖四川的新华书店以及省、市(州)、县(市、区)、乡(镇)四级贯通的有线广播电视传输和电影放映院线三大网络,重点抓好出版物流配送、影视节目交易、出版发行和电视剧制作四大中心。发展文化产业,重点发展主导产业,同时利用文化产业关联度高、覆盖面广、成长性强的特点,鼓励和支持跨媒体、跨行业、跨地区、跨所有制投资和经营,促进文化产业领域的内部联合,促进文化产业与其他产业间的相互渗透,促进社会办文化,不断调整经营结构,拓展发展空间。逐步完善投融资机制,实现政府投入与社会投入相结合、内资与外资相结合,推进投资主体多元化,形成以公有制为主体、多种所有制共同发展的文化产业格局和以民族文化为主体、吸收外来有益文化的文化市场格局。

四是打造优势品牌,实施品牌战略。发展文化产业,必须以品牌扩大影响、吸引资金、拓展市场。应努力推出特色品牌,开发原创品牌,发展现代品牌。高度重视和大力开发拥有自主知识产权的文化产品,提高文化的创新能力,增强核心竞争力;始终坚持"三贴近"原则,突出现实主题,着力创造一批反映火热社会生活,讴歌人民伟大创造,思想性、艺术性和观赏性相统一,既叫好又叫座的现代题材作品;适应人们的需求,既提供大众化的服务,又提供面向不同层次受众的专业化、个性化服务;站在科技发展的前沿,加速高新技术的吸收利用,积极发展数字电视、移动和分众电视、宽带接入、视频点播、电子出版等新兴产业,善于利用现代传媒手段特别是互联网,抢占文化产业的制高点。充分发挥政府的组织引导作用,紧扣时代脉搏,贴近市场需求,满足群众需要,优化、整合文化资源,促进文化产业各个门类协同运作。开发培育、发展保护一批具有鲜明时代特色和巴蜀文化特色的文化产品和品牌。不断提升文化产品和品牌的知名度，增强社会认同感，扩大市场占有率。

五是优化资源配置，延伸产业链条。四川之长在于有丰厚的文化资源，但是资源优势不等于产业优势，因此如何进行科学的整合规划与合理的开发利用，充分发挥这些资源的特点与优势，就成为非常重要的课题。四川文化资源点多面广、布局分散，因此调查研究、分析论证的工作必须进一步加强。进行科学的整合规划与合理的开发利用还需要做大量的工作。成立文化产业研究机构，建立文化产业发展基金，开展深入细致的调查研究，弄清四川文化资源的渊源、品类、分布、存量并进行分析和评估是至关重要的。要保护文化资源不遭受损害或破坏，不搞盲目开发。文化资源整合要符合四川地方特色，认真研究策划，做到立体开发、综合利用，充分展示历史文化的内涵与魅力。必须充分利用文化资源优势，把资源优势变为发展优势，以结构调整为动力，盘活存量资产，扩大增量资产，合理配置资本、人才、技术等要素，提高产业集中度，推进集约化经营和规模化发展，形成一批龙头企业。鼓励文化产业集团以资产为纽带，运用市场机制，通过兼并、联合、参股、重组等方式向产业上下游和相关行业延伸发展，拉长产业链条，完善产业网络，做大产业规模，建设和发展一批主业突出、兼营多业，以国有经济为主导、投资主体多元化，跨媒体、跨地区经营的大型文化产业集团。

第四节　体制性障碍与改革活力分析

四川是文化资源大省，但文化事业的发展尚处于起步阶段，与发达地区相比差距不小。发展不充分是因为受制于四个障碍：体制性障碍、市场性障碍、政策性障碍、结构性障碍。核心障碍或者说主要矛盾是体制性障碍。旧的文化体制是计划经济体制最后的"堡垒"之一，这一体制对文化产业发展的制约在四川这个内陆省份表现得尤为突出。

一、体制性障碍制约着四川文化事业的发展

现行的文化体制是计划经济时代的产物,无论在思想认识、发展观念,还是在体制、运行机制上,已极不适应文化生产力的发展。

(一)观念认识滞后制约文化体制改革

一是对改革的必要性认识不足。片面强调文化事业单位的社会效益,认为报纸杂志、电台、电视台、出版社、文艺院团等是重要的意识形态阵地,走向市场风险太大,对改革认识模糊,影响改革进程。二是对改革的紧迫性认识不够。片面强调一些文化事业单位的繁荣景象,不恰当地认为产业超额利润就是体制优越性的体现,缺乏对利润结构的科学分析,对掩盖在政策保护和行业垄断下的体制、机制弊端认识不清,对文化产品经营的逐步开放和保护政策淡出后必将面临的强大的市场竞争力估计不足,因而存在推诿拖延的心态,影响改革进程。三是对改革的信心不足。片面强调改革过程中必然出现的利益矛盾,错误地认为支付改革的成本必定损伤元气,削弱可持续发展力。对积极地进入市场、掌握市场主动权、坚持社会效益与经济效益相统一的重要性认识不清,对党和政府下大力气推动文化体制改革的举措缺乏信心,思想情绪不稳定,出现自相矛盾的心态,既希望通过改革获得更好的发展机会,又因眼前利益受损和未来利益难以预料而感到犹豫和茫然,甚至出现消极悲观的情绪,影响改革士气。

(二)体制机制性障碍制约文化体制改革

一是体制不顺。政企、政事不分,计划经济体制下形成的条块分割,部门职能交叉,利益关系错综复杂,文化单位双重属性、双重管理并存;改革中必然涉及地方(部门)利益或职能的调整,长期形成的利益格局给改革形成障碍,延缓改革进程;文化经营单位权责不明,效率不高,活力不足。

二是机制不活。国有文化事业单位内部长期实行"大锅饭""铁饭碗""干好干坏一个样"的管理机制,过惯了"旱涝保收"的员工

骤然转型到市场上去拼搏，身份由国家事业单位正式职工转为没有固定单位和身份的聘用制职工，会产生强烈的失落感。随着改革的深入，由于某些短期利益受损，部分改革的参与者甚至有的曾经是推动改革的骨干，对改革也产生了某些疑虑，增大了改革的摩擦力；国有文化单位大多人员结构不合理，干事的人少，拿工资的人多，人员负担重。懂文化善经营管理的复合型人才缺乏，领军人物尤其匮乏；论资排辈的现象仍然严重，文化原创能力不足，资源潜力难以转化为现实生产力，文化精品力作难以产出。

三是文化体制改革与文化创新严重滞后，与加快文化事业发展的要求不相适应，计划经济条件下形成的僵化的文化管理模式已成为文化事业发展的桎梏。

（三）政策不配套使改革缺乏足够支撑

一是已有的文化经济政策还未落实到位，需要研究制定实施意见，尽快落实文化体制改革过程中，文化企业在财政税收、社会保障、产业经营、股份制改造以及投融资、收入分配、资产处置等方面应享有的各项优惠政策。二是相应的劳动和社会保障机制不健全。比如，在新华发行集团转制过程中，由于各地离退休人员交付社保金的标准不一致，而集团只能按统一标准支付，导致有的地方社保机构不接受他们的离退休人员；分流的富余人员能否领到失业救济金，各地的认定条件也不一致，这些都增加了改革的难度。三是政策措施不配套，包括行业准入、人才引进与培养、技术创新、工商、财政、税收、投融资、国土使用、文化资源占用等方面都缺乏相应的政策支撑。比如，对改制中自愿解除合同的职工的安置补偿金，按现行税收政策仍要收取个人所得税，而企业代缴也缺乏政策依据，等等。

（四）文化产品竞争力不强，文化资源亟待优化整合

四川文化产业的发展现状与我们作为文化资源大省的地位还很不相称。很长一段时间以来，由于产业发展水平不高，四川文化资源优势没有得到充分而有效的开发利用，条块分割、行业各自为政的现象突出，文化资源不能在产业链上有效流动。不能以资源为纽带实现联合，文化资源闲置浪费、利用率低，存在重复建设、低水平使用等现象，已经实行整合的文化资源尚没有达到整合的目标。文化产业总体上还处于起步阶段，与沿海发达省市比，总量偏小、比重偏低、小而散的状况比较普遍，集约化程度不高，集中度、关联度不高。社会平均文化消费水平偏低，拉动作用不大。文化产品结构失衡，传统产品比重较大，新兴产品发展不足，产业内部品种单一。文化产品供需矛盾突出，出现了盲目追求"贵族化"的文化经营现象，致使一些地方高档次文化产品无人问津，而中低档次文化产品又不能满足广大人民群众的需要。文化产品的科技含量和附加值低，对高新技术发展文化的生产力不敏感，产品参与国际竞争乏力。

二、改革焕发了文化事业发展的生机和活力

在市场经济和对外开放的条件下，无论是统筹经济社会发展、促进经济社会和人的全面发展的需要，还是文化自身发展的需要，无不需要在体制上除旧布新。只有革除文化事业发展面临的体制机制性障碍，才能使文化事业发展焕发活力、增添生机。

（一）文化体制改革的不断深化增强了文化发展的内在动力

随着经济改革不断深化和文化体制改革工作的深入推开，传统观念面临冲击，体制问题日益显露，解放思想、转变观念的任务更加凸显。四川借鉴经济领域改革的成功经验和国外有益做法，抓住有利时机，扩大试点、突出重点、攻破难点、形成亮点，努力革除制约文化发展的体制性障碍，在文化体制改革上积累有益经验。一是党委、政府着力构建有利于加快文化发展的宏观管理体制，进一步转变文化管理职能，明确和规范文化管理各部门职责，大力推进政企分开、政事分开、管办分开，积极发展文化行业组织有了新的进展。进一步探索国有文化资产的经营管理模式，确保国有文化资产保值增值。积极探索建立和完善党委领导、政府管理、行业自律、企事业单位依法运营

的文化管理新体制，在实现政事、政企、管办"三分开"上迈出了实质性步伐，积极推进经营性文化事业单位转企改制。二是文化企事业单位建立健全导向正确、富有活力的微观运行机制，改革公共财政对文化事业的投入方式，积极探索公益文化社会办的新路子，增强了公益文化事业内在活力。三是以市场为导向，营造了有利于文化创新和发展的环境。充分发挥市场机制的作用，整合文化资源，促进各种文化资源和文化要素的合理流动，提高文化资源配置和使用的效率。全面推行文化市场综合执法，规范文化市场秩序。切实尊重文化创作，有效保护知识产权，高度重视人才培养，不断推进队伍建设，努力吸引和培养各类文化创作人才、文化科技专家和文化经营管理专家，积极营造了有利于多出精品、多出人才、多出效益的创业环境。

（二）文化事业的全面繁荣增强了文化事业的发展活力

一是文化阵地建设不断加强。统筹城乡、区域文化发展，加强了农村和边远地区的文化阵地建设，大力推进了企业文化、校园文化、社区文化、村落文化、广场文化、军营文化的发展，扎实推进了创建文化先进县、文化示范村、示范社区和广播电视"村村通"工作，加快构建基层公共文化服务体系。二是文化遗产得到有效保护。抓紧抢救、科学保护、合理开发和有效利用四川历史文化遗产，积极做好文物保护利用、历史文化名城保护、世界文化遗产申报等工作，着力构建文物和历史文化名城、街区、村镇保护体系。积极发掘四川丰厚的民俗、民风和民间文化资源，做好普查、规划、抢救、传承、利用等工作。借鉴和吸收国内外挖掘、开发、利用文化资源的经验，促进传统文化资源优势转化为文化产业优势。三是文化精品生产不断发展。进一步推动文艺、社科、新闻、出版等领域的文化精品生产，推动整理历史文献、挖掘四川文化底蕴、解读四川当代现象、探寻四川文化未来发展的方向，加大面向基层、面向群众的大众精神文化产品的创作、生产和传播力度，推出了一批思想性和艺术性相统一的精品力作，形成了文化研究扎实、文化创作活跃、文化精品纷呈的良好局面。四是文化交流合作范围不断扩大。充分发挥优势,加强了与兄弟省区市、港澳台地区和世界各国的文化交流,推动四川文化"走出去",积极开展对外宣传工作,拓展有效的对外宣传阵地。

(三)文化产业的加快发展增强了文化产业的整体实力和竞争力

四川把加快发展文化产业作为推进文化大省建设的突破口,努力使文化产业成为优化产业结构和转变经济增长方式的重要方面,成为经济发展的重要增长点。一方面,积极参与打造面向市场的文化产业发展主体,在政策允许范围内,对部分国有文化单位分类分步进行转企改制。借助四川非公有制经济发展较快、民间资金比较充裕、民间兴办文化产业热情较高的优势,积极营造良好的发展环境,切实加强引导、管理,鼓励大型民营文化企业集团进一步做大做强,培育了一批龙头企业,带动"专、精、特、新"的中小型民营文化企业的壮大和发展,形成四川文化产业发展新亮点。另一方面,进一步完善文化产业发展政策,制定文化产业发展指导目录,建立文化产业统计指标体系,推进文化产业结构调整,优化文化产业地区布局,逐步推进建立覆盖四川、结构合理、机制灵活、优势明显并与国际接轨的文化产业发展体系。同时,大力扶持和发展能够发挥四川优势和特点的文化产业,打造了一批知名品牌,培育了一批特色文化产业区块,形成了一批文化产品专业市场。动漫、影视、游戏等新兴文化产业加快发展,现代文化物流业进一步发展,传统文化产业得到提升。

第五节 四川文化强省应遵循的发展战略

进入21世纪,四川会在一个更为国际化也更加复杂的环境中来推进自身的现代化建设。四川文化产业的发展面临有史以来力度最大、程度最深、涉及面最广的革命性冲击。作为中国西部文化大省,四川将最快、最敏感也最直接地感受到了入世和经济全球化所带来的巨大震荡。因此，在一个更加开放、更加国际化的环境中，应以一种怎样的战略眼光来推进四川文化产业的发展，将成为未来四川跨越式发展中具有战略意义的根本环节，也将是四川实现可持续发展的重要内容。

一、四川文化强省建设面临的机遇和挑战

当今世界，科学技术迅猛发展，综合国力竞争激烈，各种文化思想相互碰撞。在经济全球化的进程中，世界各民族创造的文化的多样性和独特性都面临着严峻挑战。抓住机遇，迎接挑战，确定四川文化强省建设的发展目标和思路，明确主要任务，制定保障措施，繁荣发展文化事业，是非常必要的。

一是全面建设小康社会为文化建设提供了良好机遇。四川已基本实现了由温饱到小康的历史性跨越，正在进入全面加快推进社会主义现代化建设的新阶段。随着物质生活水平的提高，人民群众文化消费的比重将大大提高。这必将给文化事业和文化产业发展带来极好的机遇，文化消费市场有着巨大的潜力和广阔的前景。

二是文化与经济的相互融合已使文化产业成为经济社会发展的重要增长点。当今时代，文化与经济相互促进、相互渗透、相互结合，已成为一种大趋势。文化不仅仅是社会经济发展的推动力量，也是社会经济发展的重要组成部分。我国的文化产业方兴未艾，发展潜力巨大。近十多年来，文化已成为群众消费的重要增长点，传媒业、出版业、文化娱乐业等文化"朝阳产业"将产生巨大的社会效益和经济效益。

三是当代高新技术的发展对文化建设提出了更高要求。现代科技已被广泛运用于文化生产、服务、营销、管理等各个环节，引发了新兴文化形态的崛起和传统文化形态的更新。文化艺术形式空前多样，一些旧的艺术形态面临着如何创新发展、获得新的文化生命的挑战。文化生产方式日益更新，极大地解放和发展了文化生产力。文化管理

方式和流通方式也发生了深刻变革,电子传媒、电子政务、电子商务将发挥越来越重要的作用。

四是国内外文化发展态势对四川文化建设提出了严峻挑战。随着现代电子媒体的广泛运用,随着我国加入世贸组织,中外文化的相互交流越来越频繁、便捷。我们既要应对西方资本主义国家传播其意识形态、抢占文化阵地、进行文化渗透的挑战,又要应对西方发达国家凭借其经济、科技、文化的强大实力抢占我国文化资源和文化市场份额的挑战。同时,一些兄弟省市积极主动抢抓文化发展机遇,在文化体制改革、基础设施建设、产业集团建设等方面都取得了显著的成绩。

二、四川文化强省建设必须坚持的总体发展战略

省委、省政府认真分析了四川文化发展的现状和面临的机遇及挑战,确立了新的文化发展战略。2002年四川省第八次党代会提出了建设西部文化强省的发展战略,省委、省政府专门制定了《关于加快建设西部文化强省的若干意见》,明确了指导思想、基本原则、目标体系和18项重点工作,并强调今后五年要培育"一个文化中心",突出"四大特色文化",达到"三个四分之一",实现"两个提高"。省委宣传部制定了《关于西部文化强省建设五年规划》,提出了具有指导性和可操作性的24个方面的文化发展规划和具体措施。该规划特别指出要建设五大社科研究中心,培育八大产业集团,建立三大网络、四大中心,抓好十二项重点文化工程。省级其他相关部门也制定了相应的文化发展措施,并抓紧逐一落实。

概括地说,四川文化强省建设必须坚持的总体发展战略是:建立适应社会主义市场经济发展的思想道德体系,健全与人民群众日益增长的文化需求相适应的文化生产服务体系,形成与全面建设小康社会发展要求相适应的文化发展格局,完善符合社会主义文化发展规律的运行机制。营造有利于出人才、出成果、出效益的文化发展环境,形成体制健全、管理规范、阵地巩固、艺术繁荣、各项事业全面发展

的社会主义文化事业发展的新局面；各艺术门类百花齐放，具有代表性、示范性的艺术团体得到有效扶持，涌现出一大批优秀文艺作品和一批在国内外有重要影响的文艺人才；文化经济政策进一步完善，对文化事业的投入力度明显加大；社会文化网络比较健全，群众文化生活丰富多彩；文化遗产得到有效保护和利用；文化领域的信息化建设初见成效；文化立法滞后的状况有较大的改观；文化市场管理显著加强，基本实现健康、繁荣、活跃、有序的目标；对外文化交流规模日益扩大，水平进一步提高。把四川建设成为全民素质优良、社会文明进步、科技教育发达、文化事业整体水平和文化产业整体实力领先西部的文化强省。

三、四川文化强省建设必须坚持的重点领域

四川是文化资源大省，建设文化强省具有独特优势。为此，面对新形势、新机遇，我们必须牢牢把握先进文化的前进方向，认真思考建设西部文化强省的战略性、前瞻性和全局性问题，推进四川文化建设进入新的发展阶段。

（一）明确文化事业发展的主攻方向

根据四川省资源特点、产业基础和市场前景，把文化产业作为四川经济发展的重要主导产业和新兴支柱产业，把四川建设成为文化事业繁荣、文化产业发达、文化市场活跃、竞争力强、影响面大的文化强省。

（二）加快文化事业发展的体制创新

按照"精简、统一、效能"原则，强化文化行政部门宏观调控、公共管理和行业管理职能。切实抓好监督、评估、执法和服务，坚决克服政企不分、政事不分、管办不分的弊端，扩大文化产业单位的经营自主权，进一步确立文化产业单位在市场中的主体地位。按照政企分开、政事分开、企业与事业单位分开、经营性机构与非经营性机构分开的原则，对现有文化单位进行科学分类。对文化公益事业，如图书馆、博物

馆、重要的新闻媒体、体现民族特色和国家水准的重大文化项目和艺术院团、重要文化遗产和优秀民间艺术等，政府要予以支持和保障，切实加强管理；对经营性文化产业单位，要逐步改制为企业或实行企业化管理，向市场要效益，实行自主经营、自负盈亏、依法纳税。加快各类国有文化企业体制和运行机制转换，建立产权清晰、权责明确、政企分开、管理科学的现代企业制度和科学合理、灵活高效的内部管理体制和文化产品生产经营机制。积极进行体制创新试点，创办文化产业开发试验区，提高试验区自身造血功能，实行滚动开发，增强发展后劲。

（三）优化文化事业发展的环境

首先要建设良好的人文环境，采取多种形式，加大对发展文化产业的宣传力度，提高干部群众对发展文化产业重要性和紧迫性的认识，消除一部分同志对发展文化产业的疑虑和误解，把思想和行动真正统一到中央和省委发展文化产业的正确决策上来。在市场环境方面，健全文化市场体系，完善文化市场管理机制，采取专项治理的办法，坚决清除腐朽的、有害的文化毒品和文化垃圾，坚决打击盗版、造假等侵权行为，有效保护知识产权，整顿和规范文化产业市场秩序。在政策环境方面，认真落实国家和省支持文化产业发展的各项政策，充分发挥现有政策的作用。在加快政策扶持、政府引导的基础上，建立多元化的文化产业投融资机制。在法制环境方面，要加大执法力度，规范执法行为，提高执法水平，理顺政府管理部门的职能分工，避免多头管理、重复审批，完善和加强文化市场监管，集中打击走私影片和非法出版物的行为，依法保护文化经营者和消费者合法权益。

（四）切实加强文化事业队伍的建设

建立符合社会主义市场经济要求的收入分配机制，把按劳分配和按生产要素分配结合起来。对现有的文化经营骨干不仅要给予应有的政治待遇，而且要给予适当的经济报酬。对有突出贡献的，可试行年薪制、承包工资制、奖励工资制等多种绩效形式，消除他们的后顾之忧。抓紧培养一批熟悉市场经济规律、懂经营、会管理的专门人才，同时要特别注意培养造就和引进懂科技、会管理的创新人才、策划人才、外向型人才和网络科技人才，为文化产业的可持续发展积蓄人力资本。要改进人才管理和使用制度，建立规范的人才流动管理机制，全面推行聘任制、签约制，积极推广文艺人才代理制。实行单位自主用人，人员自主择业，促进管理的社会化和科学化。

（五）整合文化资源和优化资源配置

资源是发展文化产业的基础和依托。只有全面开展对文化产业资源的调查、评估、规划，运用市场机制整合资源，才能做到合理分工、协调发展，避免重复建设、无序竞争和资源浪费。因此，现有文化产业集团公司要进一步规范运作、完善功能，不断做实做强做大。在充分尊重企业自主权的前提下，坚持按经济规律办事，以资本为纽带，通过兼、购、并等形式，帮助文化企业实现战略重组，推动文化产业向集团化、规模化方向发展。鼓励、支持和扶持中小文化企业发展，形成大中小文化企业相互促进、相得益彰的格局，满足不同消费群体对不同层次文化产品的需要。除此以外，还要积极推动文化产业与高新技术的结合，运用现代市场经济信息传播和营销技术，特别是网络技术，促进文化产品的流通。着力用高新技术手段改造传统文化，开发新兴文化产业。加强技术引进和自主开发，推动文化产品和文化服务数字化、网络化。

第二章 文化产业与文化强省建设

进入21世纪，为了实现文化的现代化，中国有许多省份开始富于前瞻性地从宏观上讨论和规划文化建设大蓝图，雄心勃勃地提出了建设文化大省、文化强省等的远大目标，可谓激动人心。其实20世纪90年代以来，随着历史转型期市场经济的日趋繁荣，我国文化事业的发展蓬勃兴旺，各地区各民族纷纷利用各自独具特色的文化资源加快区域文化建设的步调，如1992年内蒙古、新疆、吉林、浙江、广东、广西、海南、福建、云南等省和自治区开始启动的"万里边疆文化长廊建设"活动，包括1997年重庆直辖建市以来启动的"长江三峡文化长廊建设"等，作为转型期我国文化建设"战略工程"的重要内容之一，不仅为发展和加快区域性文化建设做出了贡献并积累了宝贵的经验，对完善全国文化事业建设和发展的格局也都显得十分现实和必要。可以说，从"文化长廊"建设到"文化大省、强省"建设的延伸，不仅是当代文化发展的必然结果，更是在现实经济生活繁荣的推动下发展文化生产力和壮大文化产业的迫切需要。

发展文化产业是文化强省建设的重要内容。党的十六大报告站在历史的高度和时代的潮头，精辟地论述了牢牢把握先进文化前进方向、推进文化建设、发展文化产业的重大意义，明确提出"完善文化产业政策，支持文化产业发展，增强我国文化产业的整体实力"的任务和要求。推进文化产业发展，既是一个理论问题，也是一个严肃的政治问题和经济问题，还是一个必须把握的实践问题。西部地区经济发展相对滞后，但文化资源十分丰富，要实现跨越式发展，培育新的经济增长点，发展文化产业是理想的选择。朝着解放和发展文化生产力这个目标，推动以市场为主导的经济性文化产业跨越式发展，促进以政府为主导的公益性文化事业全面繁荣，双轮驱动，比翼齐飞，加快建设西部文化强省，是我省全面建设小康社会的一项重大战略任务。

第一节 文化及文化产业的科学界定

发展文化产业，首先必须明确文化及文化产业的含义及其本质。社会生产是一个极其复杂的社会实践系统，它既包括人自身形成的社会关系的生产，又包括物质生产和精神生产。物质生产是人类改造自然的实践活动，而精神生产是人们的精神生活的实践过程，是人类的思维活动和精神创造。马克思相应地将社会产品分解为物质产品和精神产品。

一、文化的概念与本质

（一）文化的概念

关于文化的概念，历来争议甚多。有人认为可把它与文明视为同一概念，也有人认为这两个概念是社会生活的两个方面、两种特征。笔者认为，文明与文化是既有联系又有区别的两个范畴。文明既是人类自身不断进步和提升的程度，又是时代的更替与飞跃的状态；既是社会制度变革和进步的过程，又是社会物质与精神繁荣发展的结晶。文明与文化的关系主要体现在：首先，文明与文化都是人类劳动的产物，是人类社会特有的社会现象。文化的历史与人类的历史齐头并进，而文明的历史则要短得多。其次，文明一旦产生，文明与文化便具有在同一体中的共生关系。文化是文明的载体，文明则是文化的灵魂。最后，文明与文化的共生关系不是等同关系，而是有着较大的差异性。文化具有正反两重性，有精华与糟粕、革命与反动、先进与落后、健康与腐朽等之分，还有真善美与假恶丑之分。文明却只有向上、发展、前进的状态，是文化中进步的、积极的、健康的、优秀的果实。总之，文化是文明的前提和基础，文明是文化发展的高级形态，是文化建设的出发点和归宿，是文化发展的方向和目标。

文化有广义与狭义之分。广义的文化，是指人类改造自身、改造社会、改造自然的一切活动及其获得的成果，是人类创造的一切物质财富和精神财富的总和。狭义的文化，是指包括语言、文字、艺术及一切意识形态在内的精神财富。人们往往把广义的文化称为"大文化"，把狭义的文化称为"小文化"，介于两者之间的文化称为"中文化"。"中文化"可以理解为人类的思想道德和科学文化建设，主要是指人们改造主观世界的能力和成果，与其对应的是经济和政治。

（二）文化的本质

人类文化的发展是一个不断求索、不断创新的历史过程，从一定意义上讲，人类社会的发展历史实质上是文化进步和文化传承的历史。

马克思主义科学地揭示了文化的本质。一般来说，一切社会财富都是人创造的，都是文化成果。无论是物质财富还是精神财富，抑或作为现实的人自身都是文化成果。人既是文化的创造者，又是文化成果，具有两重性。因此，文化的本质在于人类对客观世界的改造和对人自身的改造：一方面是"人化"，在于人类对客观世界的改造，实现从自然、社会的必然王国走向自由王国的创造过程。正是由于人的创造活动，才实现了自然界从"原始自然"到"人化自然"的变化，人类社会从"原始社会"到"现代社会"的发展。另一方面则是"化人"，就是人在改造自然和改造人类社会的同时，也在改造自己，实现人自身从"原始人"到"现代人"的跨越。人类的实践力量对自然、社会和人类自身的改造过程，深深蕴含着文化的本质。

文化是人类在认识世界和改造世界的实践中创造的精神成果。文化是经济政治的反映,又给经济、政治以反作用。经济基础决定文化发展,文化发展为经济发展提供支撑并开辟新的领域;文化建设以政治为导向,政治建设以文化为依托,两者相互协调、相互促进,共同推进经济的发展。

二、文化产业的科学界定

(一)文化产业的界定

文化生产力是社会生产力的重要组成部分,文化产品生产中的智力投入和物质投入,具备社会生产力诸要素的基本特征。文化产业已成为一个方兴未艾的新兴产业,它在国民经济和社会生活中的地位正在迅速上升,已成为许多国家的重要支柱产业和经济增长点。联合国教科文组织把文化产业界定为:"按照工业标准生产、再生产、储存以及分配文化产品和服务的一系列文化活动。"文化产业就其本质而言,就是以人类的脑力劳动为基础的精神生产力发展的形态,通过精神文化产品生产和再生产的规模化、商品化、信息化,使精神文化产品生产多样化、精神文化服务市场化。其外延包括教育、科技、信息、文艺、新闻、出版、设计、策划、咨询、决策等,涵盖了文化财产(书籍、音像制品、设计策划方案、软件等)、文化设备(各类硬件)和文化载体(报纸杂志、发射机、接收器等)三个方面。

(二)文化产业的内涵

目前,对文化产业的内涵,主要有以下几种认识。

美国:1997年美国制定了"北美行业分类系统"(NAICS)。这个新的行业分类系统囊括了美国的34种生产信息、文化产品和处理数据的行业,其中有20个行业是新兴行业。它将通信、出版、电影、音像录制、有线服务等均划入"信息产业"的同一领域;而信息设备硬件,如芯片、路由器、网络基础设施等的制造,均被划入制造业,与钢铁、汽车、建材等同。从表面上看,北美行业分类系统是有关经济的,但从更深的层面来看,反映了出版业、影视业、通信业和信息业的融合,"信息产业"正在完成向"信息文化内容产业"的转变,显现出新的产业格局。

欧洲:欧洲文化产业委员会在最近的一份报告中提出,在最抽象的意义上,文化产业可以定义为生产文化意义内容的产业。现代社会的经济活动越来越趋向于"人文化",成为一种文化符号的生产和交换。基于此,又可将文化产业定义为以下三类:

一是指"文化意义本身的创作与销售业",如文化艺术作品的创作、销售、展示、接受活动。从这个定义出发,文化产业包括文学艺术创作、音乐创作、摄影、舞蹈、工业设计与建筑设计,以及其他各种创造性的艺术活动领域;还包括文化艺术活动的生产和销售系统,如艺术场馆、博物馆、展览馆、艺术拍卖,以及各种形式的文化娱乐、演出、教育活动。

二是指"负载文化意义的产品的复制与传播业"。在这个层面上,文化意义的生产与传播开始具有产业形态。经过依托纸介质、磁介质、电子介质、光介质4种介质的媒体的发展,文化产品的生产、交换和消费的过程用记录和传播的技术不断加以放大,带有明显的"可重复生产性",从而转化为工业过程,并发展成系统的"文化工业"生产部门。在这个概念下,文化产业包括新闻出版业、广播业、影视业、音像业、网络业等。

三是指"赋予一切生产活动和产品以文化标记的产业"。这个概念所包含的产业包括所有具有文化标记的产品,即所有物质和非物质产品生产文化标记的产业,从服装业、建筑业,到具有现代文化设计标识的一切产品。现代经济是"人文化"的经济,从产品设计到生产流程设计,从企业的战略管理到品牌形象管理,从对客户需求的全面的人文化服务到对企业团队精神的全面文化建设,无不充满了现代人文精神。人们甚至已经找不到没有文化标记的产品、不借助文化影响的销售、不体验文化意义的消费。从这个意义上说,现代经济活动、社会活动与文化活动的界限已经不那么清楚了。

日本：1989年东方出版社翻译出版了日下公人的专著《新文化产业论》。书中将文化产业划分成为三类：其一，是生产与销售以相对独立的物态形式呈现的文化产品的行业（如生产与销售图书、报刊、雕塑、影视、音像制品的行业等）；其二，是以劳务形式出现的文化服务行业（如戏剧舞蹈的演出、体育、娱乐、策划、经纪业等）；其三，是向其他商品和行业提供文化附加值的行业（如装潢、装饰、形象设计、文化旅游等）。

由此，本书对文化产业定义如下：完全或主要以市场为导向，以盈利为主要目的，主要通过市场获得生产要素的精神文化产品的生产、分配、交换和消费。它包括所有从事文化经营活动的企业单位及与之相关的行业，也包括目前大部分按企业方式管理的自收自支、差额拨款的文化事业单位。

三、文化产业的地位与作用

（一）文化产业是现代市场经济的重要组成部分

文化产业的发展直接推动经济的发展和产业升级。在现代市场经济中，文化市场是一个潜力巨大的市场，文化产业覆盖了教育业、科技业、出版业、传播业、信息业、娱乐业、旅游业等行业，因而它的发展必然对经济起着直接的推动作用。同时，文化产业是一种知识含量高、耗能少的产业，因此它的产生和发展会不断地推动社会产业的进步和升级。它的发展越快，在国民经济中所占的比重越大，就意味着在产业结构中，依靠技术、知识的分量越大，低能耗的产业在经济中的分量越小，产业结构就越优化。文化产业的发展推动大众文化的兴起，加速了文化多元化和大众化进程。在市场机制的作用下，文化产业的发展有力地推动了大众文化及其消费市场的兴起，大大缩短了文化与大众之间的距离。大众文化兴起对精英文化的生存构成了威胁，它从外部施予精英文化以变革的动力和压力，一些高雅艺术不得不在自省的基础上加快通俗化、大众化的步伐，精英文化及其相伴的传统文化开始了由说教化向大众化、由灌输型向贴近型的变革；文化产业的发展促进了市场经济的主体——劳动者和管理者自身素质的提高，从而也促进了市场经济的发展。文化产业作为一种特殊的产业，它天然地被赋予了文化的内在功能。文化在对促进人自身素质和修养的提高方面所具有的独特功效，也必然地在文化产业上得到体现；随着文化产业的发展，其功效也发挥得更加淋漓尽致，而这种功效随着文化产业的发展，特别是高新技术在文化产业中的广泛运用，其作用和功效也越来越大。文化产品能够为市场经济的发展提供精神动力，同时也一定程度上缓解了因市场急速扩张和激烈竞争而带来的一系列社会问题和对人类社会生活造成的冲击。文化产品带给人的影响是多方面的，它在促进人的素质提高的同时，也能够给市场主体提供精神上的动力或是让市场主体缓解精神上的压力。随着市场经济的发展，人与人之间的竞争日趋激烈，人事的困扰、工作的压力、家庭的负担都使人们疲于应付，更需要文化产品的这一功能来调节和疏解。文化产业拥有前所未有的庞大的文化消费群体。随着物质需求的不断满足，人们对精神文化消费的渴望日益迫切，对量的要求越来越高，对质的要求也越来越严，这就形成了一个庞大的文化市场。物质产品的高度市场化极大地刺激了文化产品的商业化，为文化市场造就了庞大的消费群体。

（二）文化产业已成为国民经济与社会发展的支柱产业

经济发展规律表明，世界经济的产业中心必将逐渐由有形的物质生产转向无形的服务性生产。21世纪的经济学将由文化和产业两部分组成，文化如何创造价值将成为引人注目的问题——这已成为国内外学者的普遍共识。约翰·奈斯比特和帕特里夏·阿伯丁在《2000年大趋势》中预言：文化的经济意义将远远超过人们的预料，"艺术既是文化财产，同时又是经济源泉。投资艺术将对一个地方的整体经济产生影响，它有着乘数效益，艺术将使旅游业大受裨益，从而推动工业的发展，提高不动产的价值"。我国专家预计，2050年以后，文化产业将超过信息产业和自动化、机器人、计算机辅助组织管理而占产业成分的70%~80%。因为文化产业需要的自然资源不多，主要依赖智慧创造，故而信息时代把经济增长的大部分份额给了文化产业，信息产业正日益转化为负载着高知识、高文化的高技术产业。

在许多发达国家，文化产业不仅是该国文化的基本形态之一，而且越来越成为强大的经济实体，创造出了可观的经济效益。文化已成为社会生产力的重要部分，并成为一个国家综合国力的最直观、最具体的反映。文化产业已发展成为一个生机无限的经济生长点，蕴藏着巨大的利润空间。据报道，现阶段世界文化市场的容量已经达到1兆2000美元，主要集中在电影、音乐唱片、动画片、电脑游戏等大众娱乐项目方面，各国都在不惜血本地争夺这块市场。

美、日、英等国的文化产业已成为这些国家最大的产业，一个国际传媒公司的产值可相当于一个中等国家的GDP。在美国，400家最富有公司中，1/4是文化企业。而资产在100万美元以上的400余家美国大众传播公司的总收入高达1500亿美元。2001年，美国文化产品出口额达700亿美元，已超过汽车与航天产品的出口额。美国消费者用于娱乐的电影、家庭电视、录制音乐等国内市场总开支，在1997年达350亿美元（现价），2000年约为410亿美元，2004年达490亿美元。美国印刷与出版业中的报纸、杂志、书籍与贸易宣传材料等销售额在1999年达到了1840亿美元，其中美国的图书市场为世界之最，每年出书4万种，年收入超过50亿美元。美国的音像业在国民经济中的位置从1985年的第11位跃居到1994年的第6位，成为仅次于飞机出口的第二大出口商品。在英国，文化产业的平均发展速度是经济增长的两倍。英国旅游业收入的27%直接来自文化艺术，文化产业在英国拥有170亿美元的产业规模，与汽车工业不相上下。音乐剧《歌剧魅影》已经吸引了数以千万计的观众和游客，收入超过了15亿英镑（约合25亿美元）。在日本，电影、电视节目、音乐、出版、茶道等文化产业的年收入在日本国内已达18万亿日元，加之文化符号促进商品买卖的收入，年收入可达数十亿万日元。汽车制造业每年贩卖新型车的收入4万亿日元中，有一半属于出售"文化符号"的收入，另一半才属于销售汽车的纯收入。日本娱乐业中电子游戏的年产值在1993年就超过了汽车工业的年产值。

在全球化背景下，开发文化资源，投资文化产业，已成为促进一个地区发展的有效途径，独特的文化资源无疑是参与未来文化竞争的有力品牌。如乐山大佛，在被列入《世界遗产名录》之前，每年的旅游收入不到600多万元人民币，但当它被列入《世界遗产名录》后，年旅游收入就超过了1800万元人民币。有关部门预测，我国文化的潜在消费今后将逐年增加，到2005年可达到5500亿元人民币。这从近年来我国文化产业对资本的吸引可见一斑：2001年北京国际电视周成交额达4亿多元人民币；国内第一家上市传媒公司——湖南广电传媒，投入8600万元人民币巨资打造大型财经栏目《财富中国》上卫星后，很快便在80多家电视台成功落地；北大青鸟投资1亿元人民币成立文化发展公司；歌华公司上市成功融资12亿元人民币；电广传媒增发新股、募集资金达15亿多元人民币。

第二节 文化强省建设：以发展文化产业为突破口

我们从江苏、四川、浙江、广东、湖南、上海、北京等地有关建设文化大省、强省的情况中得知，所谓建设文化大省、文化强省，就是要大要强在"文化所带来的巨大的社会效益和经济效益"上，就是要体现其"文化竞争力"（是否形成有竞争力的文化产业）、"文化辐射力"（看有多少人接触该省的文化）、"文化影响力"（文化最终作为一种精神产品，看它能产生多大的影响力）方面的大和强，就是要把各自省份创建成为一个具有"先进的文化体制、现代的文化设施、一流的文化精品、拔尖的文化人才、优良的文化环境、丰富的文化生活、发达的文化产业、繁荣的文化市场",且"文化综合实力位居全国前列"的大省、强省。可以说,这些省份在今后五到十年中发展文化事业和产业的总体目标和基本思路非常明确,就是要"以繁荣社会主义文化为中心,以提高人民的思想文化素质和文化生活质量为出发点,以文化体制改革为动力,以发展文化产业为突破口",加快文化大省、强省建设的步伐。

一、文化建省大举措与文化产业大发展

事实上,近些年来政府主管部门在加大对文化事业的保护和对文化基础设施投入的同时,就完善文化产业政策和鼓励支持文化产业发展,以及增强我国文化产业的整体实力和在国际上的竞争能力,制定了不少切合实际和行之有效的方案。国家行政管理下的文化事业单位自20世纪90年代以来也开始部分地促成以市场为导向的经营体制,许多领域已形成了文化产业的雏形。20世纪90年代后期文化部成立了文化产业司以后,在宏观规划和具体的政策上都给予了文化产业发展更为切实和重要的指导,国家在国民经济和社会发展的"十五"计划中也明确提出了要大力发展文化产业。在文化建省大举措与文化产业大发展的热潮中,许多省、市的宣传与文化部门都设立了文化产业处,作为党和政府的文化产业职能部门。文化产业处在促进和推动文化建省、强省及文化产业持续发展中发挥着重要的作用。如湖南省,早在1996年,湖南省文化厅就牵头组建了一家集制作、发行、销售、包装歌手为一体的文化产业唱片公司——勿忘我影音实业有限公司,经过近十年市场化发展的艰难探索,目前该公司已在全国设有100多个发行机构,销售网点遍布全国各个地方,仅湖南省内的经销商就多达3000余家。

"勿忘我"是据1987年国家著名词曲作家为该公司创作的一曲以"勿忘我"为歌名的企业歌曲,旋律优美动听,唱响了大江南北,在当时同行业中以企业名称作词的企业形象歌曲在全国还是首次。"勿

忘我"不仅成为公司的名称,也成了公司的品牌名称,荣获了"湖南省著名商标"称号,还开国内同行业之先河,在中国人民保险公司投了产品质量保险。我们从湖南省文化厅计财与文化产业处撰写的《湖南勿忘我影音实业有限公司文化产业案例分析》报告中得知,在短短的几年时间内,勿忘我影音实业有限公司已发展成为一家颇具实力的专业化和文化产业化程度极高的影音企业机构,获得了良好的社会效益和经济效益。该公司从影音产业化的长远目标出发,一方面不断巩固现有的影音市场,以长沙及本省为中心,向全国乃至国外辐射;一方面着手开发新产品,特别是挖掘具有地方特色的民间文艺作品系列。这些年来该公司推出了湖南花鼓戏系列音像制品,有衡阳花鼓戏、浏阳花鼓戏、益阳花鼓戏等多种风格,计300多个品种,大大拓宽了公司产品的艺术涉及范围和消费层面。在尝试振兴本土艺术迈出第一步后,公司越发感到湖湘文化的博大精深,为了进一步以优质影音制品回馈社会,公司投入大量资金,从本土曲艺节目中筛选出深受群众喜爱的、贴近生活本色的相声、小品、双簧等优秀作品,进行整理、加工、出版发行。该系列产品面市后,以其特有的湖南幽默见长,深受群众的好评。截至2005年,勿忘我影音实业有限公司开发的CD、VCD、DVD、CD-R、磁带、音像带等项目的10大系列(MTV卡拉OK系列、花鼓戏精品全席系列、百科教育系列、歌伴舞系列、音乐风光系列、儿童卡通系列、曲艺系列、故事片系列、电视连续剧系列以及CD-R系列)的近千种产品已远销国外。不仅如此,为了顺应千变万化的市场发展态势,取得竞争优势,该公司又做出跨行业品牌延伸发展的重大战略决策。于是,除了以电脑耗材为切入点,把"勿忘我"品牌CD-R作为打入IT市场的第一个项目,成功地进军IT行业之外,还投资生产了"勿忘我"品牌塑料果盘制品、"勿忘我"品牌电源排插,甚至还以"勿忘我"为品牌注册了烟酒、食品、电器、五金、百货、医药、娱乐、文化用品等百余个品种和类别的商标,延伸向多种行业,一些品牌产品先后出口到美国、加拿大、德国、法国、澳大利亚、印度、埃及等国家，并进入了世界著名的大型连锁超市"沃尔玛"，年出口创汇约为300多万美元。①

总之，"勿忘我"这个影音文化产业公司将多种资源整合到一起，创造出更多更大的双重价值，赢得了更大更广的市场，由此成为湖南省跨行业多种经营的文化产业集团化企业模式的典范，在全国文化产业领域也属出类拔萃的佼佼者。

二、集聚创意思想资源、建立文化产业职能机构

21世纪以来，不少省份都为促进政治、经济、文化和社会的全面协调发展，在提出和认真规划建设"文化大省"的战略目标，积极推进文化体制改革的同时，举办了相应的文化产业论坛，为文化产业这个以创意为主的产业经济集聚思想资源，构筑交流平台，从理论上、观念上、政策上、实践上进行多方论证和研究，让思想成为一种产业，如此才有大发展。正如马克思曾经说过的，"在经济上曾经落后的德国，在哲学上却充当了世界教师"。

地处川西平原中心的成都，作为一座唯美、休闲和温馨之都，近年来在文化建市战略构想中，提出了"两个中心，六体系"的历史文化体系的创意思想构架。所谓"两个中心"，即以都江堰为代表的水文化中心，以武侯祠为代表的三国文化中心；所谓"六体系"，即以成都平原史前遗址群、十二桥商周建筑遗址、商业街船棺墓遗址、金沙遗址、望丛祠为代表的古蜀文化体系，以鹤鸣山、青城山和青羊宫为代表的道教文化体系，以杜甫草堂、陆游祠、望江楼等为代表的中国诗歌文化体系，以前蜀永陵、后蜀和陵、明蜀王陵等为代表的帝王陵寝文化体系，以刘氏庄园、陈家桅杆、洛带会馆建筑群等为代表的川西民俗与建筑文化体系，以邛崃苏维埃政府旧址、十二桥烈士墓及纪念碑等为代表的红色革命文化体系。由此对底蕴深厚的成都历史文

---

① 王永章. 中国文化产业典型案例选编[M]. 北京：北京出版社，2003.

化进行了认真梳理，为成都的文化建设和文化产业特别是旅游文化产业的大发展，做了思想和理论上的充分准备。

2005年10月，四川省举办了"中国西部文化产业创意论坛"理论研讨会，就文化产业中的创意问题或创意文化在文化产业中的地位和作用等进行了研讨，效果非常显著。据四川省作家协会《作家文汇报》2005年第9期登载的该会会议综述《从文化产业到创意经济》，全国政协科教文卫委副主任王巨才在论坛上发言说，党的十六大把发展文化产业提上了重要日程。虽然，文化事业曾经在丰富群众文化生活中起到过重要作用，但文化产业的发展与发达国家相比差距非常大。就新闻出版广播影视行业来说，2000年还属于暴利行业，可2005年上半年全行业的销售总额只有208亿元，不到美国时代华纳一个企业销售总额的一半。这样的状况，与建设和谐社会的社会发展总目标以及日益增长的社会文化需求很不相适应。在论坛上，中国作家协会书记处书记吉狄马加也发言谈道，在经济全球化进程中，文化竞争力占有非常重要的地位。在世界经济及社会综合发展中，文化产业是一个重要行业，文化产业在经济指数中占到很大的比例。比如美国的经济发展过程中，文化产业总产值就占到了40%以上。在新的发展观念中，经济的发展是离不开文化的，是需要文化来支撑的。把文化和社会的发展，尤其是经济的发展截然分开，这只是过去传统的理解，现在一定要更新观念。在面向21世纪，面向全球不同国家不同民族的综合竞争时，在多元文化并存的时代，文化给我们提供的东西，包括文化改变思维的作用，远远超过了过去任何一个历史时期。在全球化的时代背景下，应该依靠文化及文化产业的支撑，实现经济和社会的全面协调发展，这是一个真理。这些研讨言论，都无疑能为文化大省和强省的建设从思想观念和发展理念上提供创意文化产业的好思路，从而成为推动各省文化产业发展的原动力。

2005年10月中旬在成都召开的第五届中国西部省（区）省会城市

文化局局长联席会议上,各兄弟城市分别在有关演艺娱乐业、现代传媒业、动漫游戏业、网络文化业、LOFT创意产业、工艺品加工产业、出版发行行业、现代印刷产业、数字视听产业、旅游文化产业等方面,所带来的创业发展经验和新的理念及新的运作方法,都无疑为我们进一步发展文化产业启发了一些新的思路。如西安市"以点带面繁荣文化市场"的发展经验、杭州市"构建重点发展文化体系"的新举措、拉萨市"坚持特色文化发展"的经营理念,作为特邀嘉宾参会的深圳市努力"打造'第四大支柱性产业'"的文化产业新定义及其发展眼光,都进一步为创新文化产业集聚了丰富的思想资源,值得思考和借鉴。

为落实文化产业发展的具体措施,各省都相应建立了文化产业运作的大型企业化职能机构。如江苏省为了创建文化企业,整合人力资源和配置文化资源,以拓展文化市场,于2001年就在全国率先成立了出版、广电、报业、演艺四大产业集团,出台了一系列促进文化产业发展的相关政策和具体实施方案,且还于2003年由省政府出资组建了具有国有资产投资主体资格的文化产业集团公司,每年从省文化发展专项资金中划拨4000万元用于充实该公司的注册资本金,由此起到了充分发挥国有资本在文化产业领域的先导、引领和骨干作用。近年来,该公司在找准市场定位以确立战略发展、构建集团营运体系与建立母子公司、集聚社会资本以打造文化精品、完善治理结构与强化制度建设、把握科技动态以发展数码文化、配置文化资源以拓宽文化市场、开拓业务领域以实现持续发展等方面做出了可喜的成绩,初步形成了具有独特核心竞争力的大型文化企业集团。当然,现在各省及其文化部门早就成立了的文化产业职能机构所发挥的作用,用不着我们再去怎样提及,因为各地文化产业发展的实践经验和从无到有再到壮大的非凡业绩,已为我们做出了有力的回答。

可以看出,无论是从文化建省举措到发展文化产业,还是从集聚创意思想资源到积极建立文化产业职能机构,都反映了从领导到群众的上下各个阶层对文化与经济发展的相互依存和社会可持续发展的深刻认识。

三、确立以文化产业为突破口的基本定位

从各省有关"文化建省"的总体思路上我们得知，注重经济发展与文化发展并行、继承与创新并重、社会效益与经济效益相统一、文化产业与文化事业相促进、政府引导与市场机制相结合、国办文化为主导与多种经济成分共同发展等的协调互动，是其创建与全面建设小康社会发展要求相适应的文化发展格局和提升整体文化水平及增强文化发展力与文化产业实力的基本原则。各省还专门制定和实施相关经济政策，如加大对文化事业、文化体制改革、文化基础设施建设的扶持力度，合理配置文化资源，完善运行机制等，为"文化大省、强省建设"提供良好的政策环境。为了落实文化与产业的运作与表现，加快"文化建省"举措的实施步调以推动社会和经济的跨越式发展，各省不但强调在"文化建省"活动的稳妥开展中要突出重点和分步实施，并以"科技带动、品牌带动、人才带动、开放带动"的推动力来激活文化市场，而且无论在宏观指导思想、远近发展目标、工作重点、政策保障措施上，还是在包括思想道德建设、哲学社会科学、教育科技、新闻出版、广播影视、文博事业、文学艺术、体育活动、旅游文化、信息网络等方面内容或涉及各行业门类的具体发展规划的项目及数目上，都作了比较详尽的说明。如四川省委、省政府在《关于加快建设西部文化强省的若干意见》的说明中就特别提出了要培育"一个中心"，即把成都市培育成文化建设整体水平在西部地区名列前茅的重要文化中心；突出"四大特色文化"，即突出革命传统文化、巴蜀历史及文学艺术、少数民族及宗教名胜文化、现代高科技文化；达到"三个四分之一"，即四川文化产业经济总量占西部地区的四分之一，文化从业人数占西部地区的四分之一，获国家级奖的文化成果数占西部地区

的四分之一；实现"两个提高"，即提高文化产业的发展速度，使其增速高于全省GDP的增长幅度，提高文化产业增加值在全省GDP中所占份额。还规划布置了十多项工作重点，可以说都是相关文化产业领域的，非常详细。又如广东省为了加大对文化事业的扶持力度，就计划从2004年起5年内，拨付给中山图书馆购书经费1.2亿元、省博物馆文物征集费和维持费6000万元，拨付给省社会科学重点课题研究经费和省文学、影视重点创作扶持经费各4000万元，以及拨付给奖励优秀哲学社会科学研究成果、优秀文艺创作成果和培养、引进拔尖文化人才经费5000万元。总之，各省在"文化大省、文化强省"工程规划所遵循的基本原则和具体实施方案上，都特别强调要以壮大和发展文化产业为突破口，优化文化产业结构，以促成文化产业的整体崛起，并将文化产业逐步培养成该省国民经济的新的增长点，由此增强各省的文化综合实力，提升其整体的经济实力。这对于"文化大省、强省"建设目标的最终实现，无疑有着至关重要的作用。因为无论怎么说，文化产业发达并在全国占有一定的比重，才真正算是具有强大的竞争力、辐射力和影响力，才是文化建设的核心目标。

可以看到，各省有关"文化大省、强省建设"的宏大规划与"以文化产业为突破口"的基本定位，不但符合近些年来党中央采取一系列重大决策，进一步加强和提高全党及全国人民对包括文化建设在内的社会主义精神文明建设、政治文明建设和经济文明建设协调发展的内在精神意向，符合文化宣传部门关于在社会主义市场经济体制下，文化的产业化是文化事业发展的物质基础、是解放和发展文化生产力的有效途径、是重建文化大省和文化产业大省以及重塑"中国形象"和中国产业形象的深刻认识；而且顺应当前世界经济及社会消费总体得益于第三产业蓬勃兴旺的发展趋势，切合我国融入国际化大潮、加快文化及文化产业的国际化进程和建立文化全球化过程中的战略回应的构想。这的确是功在当代、利在千秋的大事和大业。

第三节　文化产业与西部文化强省建设

如果说文化是人类文明演进的过程和结果的表现,那么社会主义文化的发展则标志着社会主义精神文明程度的不断提高。中国共产党第十六届全国代表大会报告更是从经济、政治、文化协调发展的高度,系统论述了文化建设的重要性和必要性,指出文化建设既是中国特色社会主义建设的一个不可缺少的组成部分,又是实现社会主义现代化的必经之路,提出了建设中国特色社会主义文化的总目标。

一、西部文化强省建设的基本内容和主要目的

(一)西部文化强省建设的基本内容

1. 大力发展文化产业,开拓文化市场

文化产业、文化市场是当代文化不可缺少的一个组成部分,也是大众文化消费的主要来源。这是现代文化经济化、产业化、市场化的标志,也是现代文化社会化、大众化的必经阶段。在市场经济条件下,没有文化产业和文化市场,文化本身就难以真正获得发展,也难以在社会有机体中发挥应有的作用,更难以做到贴近生活、贴近实际、贴近大众。可以说,这也正是目前文化领域存在的最突出的问题。当然,文化产业和文化市场,毕竟不同于一般的经济产业和市场,它具有意识形态和商品的双重属性,既要受商品经济规律的制约,又要受精神生产规律的制约。应当承认,文化产业不发达,文化市场不规范,是当前西部文化强省建设的一个薄弱环节。

2. 建构现代文化理念,弘扬和培育民族精神

文化,特别是观念形态的文化,反映着一个民族一定时代在认识上和实践上所达到的最高水平及所取得的最突出成果,被誉为民族的灵魂或民族的精神。从文化建设的内容来看,一个时代有一个时代的

文化，任何文化都可以从产生它的时代中找到其赖以存在和发展的根据，它的内容、形式、特点都深深地烙上那个时代的印记，反映那个时代的特点、呼声和要求。源远流长的中国传统文化所积淀的基本文化理念，曾对中华民族精神的塑造、民族传统与民族心理的形成产生了极为重要的影响，至今仍具有强大的生命力和凝聚力。但是，传统的文化理念毕竟是在农业社会的基础上形成和发展起来的，随着时代的变迁，越来越显现出落后于社会发展的局限性，并逐渐丧失了其原有的权威性和影响力。由于现代化进程的曲折和失误，虽然一百多年来几代知识分子进行了不懈的探索和尝试，但迄今仍未能构建出新的现代文化理念。这正是长期以来社会控制失调、人们行为失范、精神上缺乏文化依托（认同和归宿）的原因所在。因此，构建当代中国人的现代文化理念，大力弘扬和培育民族精神，是建设先进文化的迫切任务，也是现代化进程中的必然要求。民族精神是民族文化最本质、最集中的体现。中华民族在五千年历史发展中形成了以爱国主义为核心的，团结统一、爱好和平、勤劳勇敢、自强不息的伟大民族精神。我们在全面建设小康社会的进程中，一定要把民族精神弘扬起来，使干部群众始终保持昂扬向上的精神状态。

3. 加强思想道德建设，促进人的全面发展

建立和完善社会主义思想道德建设是建设先进文化的中心环节。文化建设固然要创造相应的文化产品（物质和精神的成果），更要注重对人的塑造，致力于居民思想道德素质的提高和全面发展。因为人是最主要的文化产品和最重要的文化载体，文化建设归根到底是人自身的建设，文化建设的最终目标是促进人的全面发展与进步。建设西部文化强省、发展先进文化，就要扶正祛邪、激浊扬清，坚决抵制和反对不讲诚信、不讲公德、不讲文明的行为，坚决抵制和反对低级庸俗的文化趣味、荒诞的文化垃圾、落后文化的沉渣，引导人们树立正确的世界观、人生观、价值观；大力弘扬爱国主义精神，大力倡导"爱国守法、明礼诚信、团结友善、勤俭自强、敬业奉献"的基本道

德规范。以为人民服务为核心,以集体主义为原则,以诚实守信为重点,加强社会公德、职业道德和家庭美德教育。特别是要加强和改进对我省未成年人的思想道德建设,把它作为建设西部文化强省,加强精神文明建设,促进人的全面发展的一项希望工程、民心工程、基础工程抓实抓好,培育和造就"四有"新人。

4. 全面实施科教兴川战略,大力弘扬科学精神

科学是人类认识自然和改造自然的知识体系,它在整个人类文化系统中占有极其重要的位置,是文化发展的最强大的内在动力。正是科学,才使文化具有了知识、智慧、真理、文明的形式和内涵;正是科学的发展,才推动了文化外延的扩展和内涵的深化,促进了各项文化事业和文化产业的发展。教育是发展科学技术和培养人才的基础,在现代化建设中具有先导性、全局性的作用。作为人口大省的四川,在全面建设小康社会的进程中,把我省沉重的人口负担转变为人力资源优势,全面提高全省人力资源素质,将直接关系到我省跨越式发展目标的实现。发展先进文化的根本任务是培养一代又一代"四有"公民,因此,教育在传播、发展、创造先进文化方面也肩负着重大使命。全面实施科教兴川战略是建设西部经济强省和文化强省的重要战略。要把全面实施科教兴川、开发人才资源作为发展先进生产力和先进文化的第一要务。切实把全省经济增长和社会发展的轨道转移到依靠科技进步和劳动者素质提高上来。加大政府投入,进一步动员社会资源加快我省教育发展。在全省大张旗鼓地普及科学知识,传播科学思想,推广科学方法,弘扬科学精神。用科学的思想方法指导人们系统地学习科学知识,更有成效地运用科学思维和科学知识解决我省跨越式发展中面临的各种实际问题,加快全面建设小康社会的进程。

5. 活跃艺术文化,满足精神需求

艺术是人们熟悉的重要文化现象,是用语言、动作、线条、色彩、音响、图像等不同媒介与手段构成艺术形象以反映社会生活的文化。人们经常将文化与艺术并提,这表现艺术作为一种文化现象确有

其独特之处，同时更强调了艺术在文化中的突出地位。艺术又是一种独特的文化现象，如果把人类文化看成是由物质文化、制度文化、行为文化和精神文化四个相对独立又相互依存、相互作用的层面构成的有机整体的话，那么，从整体上看，艺术无疑应归于精神文化的范畴，它总是在生动的感性观照中，集中地体现特定时代、特定民族的人们的审美情趣、思想情感、愿望要求，突出地展示着特定时代的文化精神。它使人类在自身价值和本质力量的发现和确证中，获得与物质享受完全不同的精神愉悦。

此外，丰富媒体文化，传播先进文化，也是西部文化强省建设的重要内容。

（二）西部文化强省建设的主要目的

1. 提高全民族的文化素质

民族文化素质的高低，是影响作为综合国力之一的民族凝聚力的一个重要因素。改革开放以来，我国在"两个文明"建设方面取得了巨大的进步，但在商品经济大潮冲击下，又难免出现文化滞后以至某些道德失范、价值错位、腐败滋延、犯罪增加、知识贬值等不容忽视的问题。提高国民的综合素质尤其是思想道德素质和科学文化素质，已成为刻不容缓的任务。同时，当代科技革命迅猛发展，科技已成为推动现代生产力发展的首要因素。无论是新产品开发、生产力的增长、企业经济效益和社会效益的改善、经济结构的调整和经济管理水平的提高，乃至国家对经济的重大决策、市场经济体制的建立和健康运行，都离不开高水平的自然科学技术和社会科学技术所提供的智力支持。西部文化强省建设，其根本任务和最终目标必须定位在人的素质提高和全面发展上，使之具有科学的世界观、健康的人生观和正确的价值观，让有高度文化素质的中华民族列入世界民族之林。我们必须以高度的历史使命感和现实紧迫感致力于这一任务的实现。

2. 培养全面发展的社会新人

社会主义是全面发展的社会，全面发展的主体因素是人。在社会主义现代化进程中，人作为经济社会发展的主体，包括两层含义：一是人是社会生产力的首要因素。只有以先进文化思想武装的劳动者，才能有先进的生产力。我国正处于社会主义初级阶段，必须把社会生产力水平的提高建立在居民综合素质的提高上。只有这样，才能尽快而有效地解决人民群众日益增长的物质文化需求同落后的社会生产力之间的矛盾。二是人的全面发展是社会发展的最高目标。建设西部文化强省，发展社会主义文化事业和文化产业，一个重要的职责，就是要以其独有的教育、感化、启迪等方式，以优秀的、健康的精神文化产品满足人们的需要，达到培养全面发展的社会主义新人的目的。精神产品的社会消费过程，实际上也就是社会主义思想道德的传播过程。普通大众在市场消费过程中会潜移默化地受影响，而精神产品的生产者或供应者在竞争中也能逐步地培养起适应社会主义市场经济要求的新思想新道德。"这样做，对于提高整个职工队伍的政治质量和科学文化素养，对于满足不同工种、职业的特殊要求，对于在青少年中以至整个社会上造成人人向上、奋发有为、不甘落后的革命风气，都将发挥巨大的促进作用。"[1]

从这个意义上讲，建设西部文化强省，就是要大力发展教育、科学、技术、智力、媒体、信息、文艺等事业和产业，紧紧围绕以科学的理论武装人，以正确的舆论引导人，以高尚的精神塑造人，以优秀的作品鼓舞人的任务，把时代精神、正确的思想政治方向融入文化产品，用优秀的作品占领更多的文化市场阵地。

3. 推进中国的现代化建设

一是文化产业作为与物质产业相并列的特殊产业，不仅创造精神财富，而且更重要的是通过蕴含在文化产品中的观念、精神、知识、智力等，启迪人的思维，提高人的素质，形成动力作用，推进现代化建设。二是文化产业化以及文化产业的发展是社会经济现代化的重要

---

[1] 邓小平. 邓小平文选：第2卷[M]. 北京：人民出版社，1994：107.

标志。应充分发挥文化产品的特殊功能，并使之成为推动经济社会发展的一个重要力量。三是文化产业对现代化建设的推动作用，还表现为它对消费需求的强力拉动。文化消费带来消费倾向的转移，激发新的市场需求，诱导供给的产生。因此，要围绕个体观念和社会群体意识的变化趋势，不断推出适合社会各阶层需要的文化商品，实现消费更新换代，推动该类消费不断增长。

总之，西部文化强省建设，其内涵既不同于近代史上关于文化发展模式的讨论，也不同于20世纪80年代有关文化问题的讨论，其具有鲜明的时代特色：围绕与经济的关系，以社会转型为基础，以建设有中国特色的社会主义文化为目标。

二、发展文化产业在西部文化强省建设中的重要意义

发展文化产业是全面建设小康社会的迫切需要。随着经济全球化进程的加快，各个国家之间的竞争已不仅仅是经济实力的竞争，同时也表现为文化实力的竞争，可以说发展文化产业是积极参与国际竞争的必然选择。20世纪90年代中后期以来，随着发达国家从工业经济向知识经济转化，各国越来越把发展的目光转向文化产业。从世界范围来看，文化产业已成为21世纪发展最快的朝阳产业之一。世界上的一些经济强国，特别是美国在输出商品、技术、资金和管理的同时，也大规模地输出自己的文化产品，甚至把自己的文化价值观的输出，作为国际经贸往来的附加条件。面对这样的局面，包括一些发达国家在内的许多国家，纷纷制定各自的文化新战略加以应对，法国等国家就针对世贸组织规则提出了"文化例外"的口号。具有五千年历史的中华文化，面对发达国家高度产业化的文化商品和文化资本涌入中国市场的挑战，大力发展文化产业，是积极参与国际竞争、适应知识经济时代发展潮流的必然选择。

发展文化产业是贯彻"三个代表"重要思想的必然要求。始终代表先进文化的前进方向，是"三个代表"重要思想的重要内容。在西

部各族人民生活水平总体达到小康后，必定要追求更高层次的精神文化需求的满足，这不仅给文化建设注入了新的动力，也使精神文化产品的生产与人民群众日益增长的精神文化需求之间的矛盾更加突出。发展文化产业，建设西部文化强省，着眼于满足人们精神文化生活的需要和人的素质的提高，实现人的全面发展，是贯彻"三个代表"重要思想，始终代表先进文化前进方向，始终代表最广大人民群众根本利益的必然要求。

发展文化产业是推进跨越式发展的重大措施。跨越式发展是西部大开发中诸多省市出台的一项重大战略举措，也是全面建设小康社会的必然途径。发展文化产业，建设西部文化强省，为推进跨越式发展提供强大的精神动力、智力支持和思想保证，具有重大意义。在经济一体化的历史潮流面前，重视文化在综合国力中的重要作用，成为摆在我们面前的刻不容缓的重大课题。从西部改革开放和现代化建设情况看，在经济发展动力、经济增长比重、产业发展格局、经济效益构成、经济价值的实现形式、经济发展走向等方面，文化的地位越来越突出，跨越式发展的推进越来越倚重文化的建设与发展。

三、发展文化产业和建设西部文化强省的主要路径

首先是继承和弘扬优秀的中国传统文化。继承和弘扬中华民族优秀文化，既是我国现代化建设的题中应有之义，又是发展中国特色社会主义文化产业的基本途径。中国传统文化历史悠久、丰富多彩，对世界的发展产生了深远的影响。我国古代传统文化中的优秀成分，是中华民族的宝贵遗产，绝不能抛弃，而是要在新的历史条件下使之发扬光大。随着经济全球化的趋势明显增强，各种思想、文化的碰撞更加激烈，科学技术发展日新月异，各种信息迅速传播。从这种意义上讲，越是改革开放，我们越是要加倍珍惜民族文化，越是要弘扬民族优秀文化；文化建设和文化产业的发展越深化、国际化程度越高，越要以中华优秀传统文化为根基，这样才能在日趋激烈的国际文化商品

贸易和竞争中立于不败之地。我们要认真总结我国的传统文化，对其优点和缺点都有正确的认识，批判地继承传统文化，在继承和弘扬的基础上不断进行创新；把传统文化的精神融汇在文化产品之中，努力实现传统文化现代化、国际化，在保持自己的社会主义性质和民族特色，提高民族自尊心、自信心和抵制殖民文化侵蚀方面，和以自己的优秀成果丰富人类文明方面，做出更大的贡献。

其次是借鉴和吸收西方文化的积极成果。每个国家、每个民族都有自己独特的传统文化，而没有优劣之分、贵贱之别。尽管我们国家实行社会主义制度，上层建筑和意识形态从根本上有别于资本主义国家，但我们的文化也是人类文化的组成部分，其发展不可能超越人类文化发展的一般规律，更不能超越产生它的生产方式和发展阶段。而人类文化通过社会化大生产迅速发展，必定使我们的文化生产方式也归入这股潮流之中。"应该学习外国的长处，来整理中国的，创造出中国自己的、有独特的民族风格的东西。这样道理才能讲通，也才不会丧失民族信心。"[①]当然，我们在学习西方文化的好东西的同时，必须把握好方向，坚持吸好不吸坏、排污不排外的原则，达到"洋为中用"的目的。唯有如此，才能真正让外来文化为我所用，有益于本民族的文化建设。当前，特别是要深入研究西方文化，对其作具体分析，并结合国情省情，积极吸收世界上符合人类文化发展的先进文化成果，加快文化产业发展和西部文化强省建设的进程。

其三是发掘和利用西部丰富的文化资源。文化资源既包括教育、科学、技术、知识、信息、理论、观念等，也包括人文景观、自然景观、文物古迹、文学艺术、民俗、服饰等。对文化资源的综合利用，已成为衡量一个国家经济发展水平和综合国力的重要标志。拥有丰富的文化资源，是建设西部文化强省和发展中国特色文化产业的深厚基础和不竭源泉，是建设西部文化强省和文化产业发展的巨大的潜力

---

① 毛泽东.毛泽东著作选读：下册[M].北京：人民出版社，1986：753

所在。西部的文化资源在国内乃至世界上独树一帜,开发前景十分广阔。从其存在形式看,既包括各种实物遗存,如古代建筑、历史园林、古文化遗址、典籍和文物等,也包括非物质形态的精神文明,如传统习惯、文学艺术和各种民风民俗等。就四川而言,目前,有4项世界自然与文化遗产,遗产数目位居国内前列,还有13处国家4A级旅游景区、11处国家级风景名胜区、62处全国重点文物保护单位,以及30多个历史文化名城和一大批省级重点文物保护单位。同时,四川还蕴藏着极为丰富的民族民间文化,多姿多彩的民间歌舞、戏曲、剪纸、刺绣、岩画、漆艺、编织、陶瓷、印花以及民间故事、民间文学、民间美术、宗教艺术等,汇聚成了一个巨大的民间文化艺术宝库。经过多年的规划、建设和发展,众多的文化资源得到了有效开发和科学合理的利用,如雅安碧峰峡、乐山大佛文化节、广元女儿节等,都是利用文化资源作为文化产业发展基础的成功典型。

四、发展文化产业和建设西部文化强省的主要原则和基本思路

(一)发展文化产业和建设西部文化强省的主要原则

1. 必须坚持马克思主义的指导地位

坚持马克思主义的指导地位是首要原则。当前,坚持马克思主义的指导,最重要的就是要坚持用"三个代表"重要思想来统领文化工作。一是围绕一个大目标,即最大限度地满足人民群众日益增长的物质文化需求。二是转好"两个轮子",一手抓好公益性文化事业,一手抓好经营性文化产业。三是处理好"三个关系"。第一个关系就是始终坚持发展先进文化的前进方向,既要符合社会主义精神文明建设的要求,也要符合社会主义市场经济体制的要求。做到弘扬主旋律与提倡多元化的统一,坚持"二为"方向和坚持"双百"方针统一。第二个关系就是"两个效益"的关系。要坚持把社会效益摆在首位,实现社会效益和经济效益相统一。这是由文化产品的特殊属性决定的。

文化的意识形态属性，决定了必须把社会效益摆在首位，但作为一个产业，不讲投入产出，生产的再循环就无法继续。而且，有没有经济效益也是对社会效益的一个检验，要改变过去文化上只讲投入不讲产出的计划经济老观念。第三个关系是宏观管理和微观活力的关系，不能走"一放就乱、一管就死"的老路，既要使微观的文化单位有活力，又要保证宏观的控制力，做到"三个有利于"：有利于党对文化事业的领导，有利于调动广大文艺工作者包括经营者的积极性，有利于繁荣社会主义文化事业。四是要重点抓好"四个关键环节"。第一个关键环节是抓好微观主体的改革。国有文化单位的改制是文化体制改革的关键。要形成以公有制为主体，以国有大型文化企业为骨干，多种所有制形式共同发展的局面。第二个关键环节是要完善市场体系。第三个关键环节是改善宏观管理，建立综合的文化执法队伍。第四个关键环节是政府部门要转变职能，从现在的"既是运动员又是裁判员，既是老板又是管理者"，转变成为行政执法单位，由直接"办文化"转变为"管文化"。

2. 必须坚持中国特色和世界眼光

发展文化产业，建设西部文化强省，是一个浩大的系统工程，需要一个长期艰苦探索奋斗的过程。必须继承优秀的传统中国文化，吸收人类文明共同创造的丰富成果，创造具有鲜明时代特点、不断适应改革开放和现代化建设要求的新文化。

3. 必须坚持实现跨越式发展

能否保持文化发展的充沛活力，使文化始终处于历史前进的前沿地带，推动我省文化产业的跨越式发展，是我们发展文化产业和建设西部文化强省的重要指标。

4. 必须坚持实事求是，与时俱进

要立足于我省改革开放和现代化建设的实践进行文化创新，使我们自觉地把思想认识从那些不合时宜的观念、做法和体制的束缚中解放出来，从对马克思主义的错误的和教条式的理解中解放出来，从主观主义和形而上学的桎梏中解放出来。

（二）发展文化产业和建设西部文化强省的正确理念

1. 突出地方特色

这个地方特色并不仅仅是地域性的，更是经济、政治、文化等多方面综合性的。比如川菜，作为一种饮食文化，其"四川味"就十分明显。川剧，也具有浓郁的四川特色。但是，它们却产生了十分广泛的社会影响。川菜、川剧已经融入祖国整体文化系列中，成为其有机的组成部分。我们要发展四川先进文化和文化产业，就是要找准四川先进文化的生长点，打出四川的品牌，打造四川的气派。

2. 与全面建设小康社会的目标相适应

全面建设小康社会是西部面临的重大任务和严峻挑战，文化建设和文化产业尤其如此。以四川为例，2003年，全省GDP总额占西部GDP总量的约1/4。但是，在文化建设和文化产业方面，与经济方面在西部的地位不相协调。我们要努力发展与全面建设小康社会的目标相适应的先进文化，实现四川经济社会的协调发展。

3. 参与国际国内文化的发展进程

西部经济发展的一个显著特点是内向型经济，在国际经济竞争中不占优势。但是，真正的竞争是文化的竞争，没有先进文化的支持，经济的竞争终究要失败。要在文化竞争上处于优势，就一定要参与国际国内文化的全面交流，在交流中发现，在交流中创造，在交流中发展，在交流中壮大。

（三）发展文化产业和建设西部文化强省必须坚持的导向

1. 政治导向

当今世界，既然有不同的社会制度，存在贫富差距和文化差异，文化建设和文化产业就离不开政治，文化建设和文化产业与政治导向就不可剥离，就不能视文化建设和文化产业为纯粹的中性事业和产业。如果将文化建设和文化产业中的政治理念完全抽空，至少会产生两重恶果：文化品格的丧失和民族脊梁的坍塌。没有一定的政治操守，先进文化容易在诱惑重重的市场中迷失，导致利益驱动成为唯一导向，就会失去与美国等西方国家的精神渗透相抗衡的能力，我们的文化发展得再快，也只能沦为不堪一击的俘虏。文化建设和文化产业的政治导向应该包含三方面内容：一是有利于坚持四项基本原则，坚持对外开放；二是有利于改革、稳定与发展的统一；三是有利于发展文明的文化。在实际操作中要遵循三个原则：一是变硬性为软性，即在手段上由原来的灌输、说教等转为启发、引导，将之内化为人们思想的一部分；二是变显性为隐性，不再大张旗鼓、铺天盖地只谈政治而掩盖其艺术内涵，而应该是"润物细无声"；三是变传者中心为受者中心，以人民群众的根本利益要求、接受心理出发，来发展政治导向机制，使受众变被动接受为主动接受。

2. 观念导向

发展壮大文化产业，必须清除认识上的误区，摈弃种种不利于文化产业发展的传统观念，打破制约文化产业发展的认识上的瓶颈。一是要摈除文化是政治附属物的观念。发展文化事业和文化产业，离不开一定的政治导向，但绝非把文化作为政治的附属物，否定文化的相对独立性。在组织体制、经费上和消费方式等方面，文化与政治捆绑在一起，其艺术生命和个性被压抑、被忽视。直至今天，文化是政治附属物的观点仍然在相当的范围内影响着人们的想法。这种观念从本质上既混淆了文化与政治的界限，又与市场规律相左，不具备合理性。在实践上，也会大大阻碍文化产业化的前进步伐。二是要摈除把一切文化产品都意识形态化的观念。应当看到，文化具有一定的意识形态功能，但决不能将一切文化产品都意识形态化。文化产业化将在更大范围和程度上满足最广大人民群众的精神需要。而这种精神需要是极其多样而具有丰富性的，人们在消费文化产品时，除了接受蕴涵其中的价值观念和精神含义外，更多的是祈望从文化产品中获得信息咨询、精神陶冶、美学享受、休闲娱乐。这些精神上的、心理上的需求，具有广泛性和共通性，并未被贴上政治标签，打上意识形态烙印。因此，决不能因为文化产品带有一些在不同社会制度下、不同经济类型中生产的痕迹，就一概将之意识形态化；否则，最终将导致人类文化的割裂和文化产业的夭折。三是要摈除文化只是休闲娱乐的观念。文化作为一种人类智慧结晶，它具有提供信息，提供精神食粮，推动经济、社会进步等多种功能，而休闲娱乐仅仅是其中之一。人们的文化消费需求也是多层次的，有感知性的、体验性的，还有实现性的。相应的，文化的内涵也是相当广泛的，既包括旅游业、娱乐业等休闲文化产业，又包括教育、科技、媒体、艺术等文化产业门类。它们以高雅的艺术表达方式，表现着宏大的文化视角和深邃的历史镜头；它们以现代科技，传递着知识话语，生产着精神食粮。如果将这一切简单地等同于休闲娱乐，不仅削平了文化内涵的层次感，而且缩小了文化发展的空间。四是摈除否定文化产品可以成为商品的观念。商品，即用于交换的劳动产品。任何一种精神产品都是劳动所得，它一旦进入交换领域，就成为商品。从这个意义上讲，一切产品都可以具有商品属性。所以精神产品的艺术性和商品性是统一的。在现阶段，确认这一点意义重大。如果我们出于固有观念，不承认精神产品的商品属性，就等于否认文化市场的存在；而离开文化市场，发展文化产业就只是一句空话。

3. 产业导向

文化产业化是不可扭转的历史发展趋势，要尽快确定文化的产业化导向，为构筑产业化发展框架，尽快出台一些符合产业化发展的政策奠定基础。一是政策调控应符合市场规律。要制定向文化产业倾斜的政策，在肯定文化产业的发展同样应遵循经济发展的市场规律的前提下，在经济布局和调整产业结构时，要把文化产业列为优先发展产业，在其规划布局、发展项目上给予强力支持。可参照办经济的思路，试办文化发展特区、文化产业试验区、文化产业开发区，进行文化体制改革试验，为其他文化企业发展择取路子。二是要实现社会公平与合法竞争相统一。要尽量消除市场准入的歧视性政策。在推动国有事业单位向文化企业集团转型的同时，开放一些条件成熟的文化产业门类，允许私营个体文化企业与改制后的文化企业同台竞争，使文化投资主体由国家单一化向社会多元化转变，形成多极竞争，互相促进的局面。为各类文化企业提供平等的竞争机会，如平等的税赋、充分的自主权、有序的市场行为等，彻底根除目前某些文化企业受特殊保护的状态，防止不正当竞争。三是产业现代化要符合可持续发展战略的要求。可持续发展是现代产业观念的核心。通常而言，可持续发展指既满足当代人的发展需求，又不以牺牲后代人的发展机会和发展能力为代价的发展模式。它以追求发展的零代价为目标，强调人和自然的和谐共处，强调发展机会的代际平等。对资源的保护性开采和合理利用是可持续发展的重要实现手段。这种观念贯彻到文化产业中，包括三层含义：首先是在文化产业化过程中对自然资源的合理性利用，其次是对文化资源的开发性利用，最后就是文化产品的无污染生产。

此外，在发展西部文化产业和建设西部文化强省中，还必须把握好文化发展与经济发展的关系、科学精神与人文精神的关系、文化传承与文化创新的关系、现代文化与传统文化的关系、民族文化与外来文化的关系、大众文化与精英文化的关系、制度文化与精神文化的关系，突出抓好观念转变、产业升级、公民教育、人才培养、制度创新等方面的工作。

第四节　西部文化强省建设中的四川文化产业

20世纪80年代以来，文化产业已经成为发达国家国民经济中一个举足轻重的产业部门，它在带动经济结构升级，促进经济持续、健康发展方面正在发挥着日益显著的作用，并被认为是21世纪社会发展的朝阳产业、时尚产业和主导产业。四川与中国其他地方一样，由于择取了以市场取向为目标的中国特色的社会主义道路，实行了改革开放和社会主义市场经济政策，在社会经济发展迅猛的同时，文化事业也获得了长足的发展。但是，由于计划经济体制的长期影响和"左"的思想束缚，文化领域的改革一直滞后于经济领域的改革，文化产业的发展处于刚刚起步的阶段，任重道远。不过我们深信，"文化创造财富，产业支撑发展"。四川文化产业将在科学发展观的引领下，加快发展步伐，在建设西部文化强省的进程中发挥重要的作用。

一、文化创造财富，产业支撑发展

如果说文化产业的发展是建立在社会经济整体发展的基础之上的，那么，这些年来正是四川社会经济的长足发展，为文化产业发展提供了可能。目前，全省农村的恩格尔系数已降到0.48以下，城市已降到0.38以下。人们的消费重心从吃、穿、住、行等基本物质需求逐渐转向对文化、体育、娱乐、信息等精神产品的追求。随着经济发展和社会进步，人们的闲暇时间越来越多，对文化的需求和消费也日益旺盛，这无疑为四川文化产业的发展提供了现实和潜在的市场。

（一）文化产业是新的经济增长点，发展潜力巨大

四川近年来的发展，主要是依靠第二产业的增长，特别是投资的拉动。但再过几年，随着重大工程的相继完工和基础设施建设的热潮逐渐退潮，再以投资推动的方式发展将难以继续拉动GDP的高速增长。必须顺应世界新科技革命和经济发展的趋势，把第三产业作为新一轮发展的突破口。文化产业是第三产业的重要组成部分，之所以能够成为这样的突破口，不仅在于四川的文化市场尚未得到充分开发，文化产业仍可作为投资的热点，而且在于文化产业所依赖的主要资源：知识，正在不断创新；技术，正在迅速发展。文化产业对高新技术具有极强的容载力和吸附力，产业中的广播电视、出版印刷、文化娱乐既能成为高科技成果的终端载体，也能依托高科技的力量扩张自身的市场优势。文化产业将通过满足人们的精神文化需求创造和积累

财富，起到增加就业、创造价值、刺激消费、涵养税源等重大作用，成为新的经济增长点。

（二）文化产业能吸纳大量的就业人口和带动相关产业发展

未来10年，我省经济结构将进行战略性调整，一、二、三产业增加值的比例，由目前的25：42：33调整为15：45：40。2004年进行的产业结构的调整已经和将要带来大批亟待分流的富余人员，而作为从属第三产业的文化产业的发展将开辟新的就业空间，缓解经济结构调整带来的社会压力。据有关资料统计，近年来，美国的以文化产业为核心的版权产业就业人数增长率三倍于同期其他产业的增长率。在国内，1996年上海的文化娱乐业为社会创造了4万个就业岗位。在我省，文化系统产业生产经营从业人员1997—1999年增长率为30%，但就业人员仅占就业人数的0.3%，仍有很大的发展空间。据有关部门统计，我省进入小康经济生态后，城市化水平年平均提高1个百分点。随着下一阶段城市化发展速度的加快、人民生活水平的提高，必将带动文化产业快速发展，促进我省就业率的回升。同时，文化产业在创造自身价值的同时必然带动相关产业的发展，如广播影视将带动音像、影像、游戏软件、家电、通信软件、广告展览等产品及服务市场；文化娱乐将推动旅游、宾馆、餐饮、交通、演艺市场；而各类先进的文化设施的建设则将有力地促进高科技的市场化，并带动建筑业和制造业市场。此外，文化产业的公共参与性及其善于制造大众流行的特点，还将推动服装业、美容业及各类衍生产品市场的发展。

（三）文化产业能为实施西部大开发提供智力支持和经济支撑

文化产业作为文化的重要载体和实现形式，既属于社会观念形态，又是社会生产，文化资源一经与现代生产相结合，就会形成巨大的文化生产力，在实施西部大开发和四川文化强省建设中占有极其重要的位置。发展文化产业，本身就是西部大开发和四川文化强省建设的重要内容。一方面是有利于加强中国特色社会主义文化建设，有效地抵御加入WTO后西方文化对我国民族文化的侵袭和渗透，为实施西部大开发战略提供精神动力和智力支持；另一方面有利于培育和发展壮大民族文化事业和文化产业，形成新的经济增长点，为加快四川经济发展提供重要支撑点。把文化产业发展为支柱产业，是发展文化生产力的迫切需要，是实现四川发展目标的迫切需要，也是实践"三个代表"重要思想、加快"三个转变"的迫切需要。我们必须从战略高度充分认识发展四川文化产业的重要性和紧迫性，实行文化产业政策的战略性调整，制定文化产业发展战略，构建强大的文化产业体系，以高质量文化产品和服务占领文化市场，力争在5～10年内将文化产业发展为四川经济的支柱产业。

二、四川文化产业的基本概况及特点

（一）四川文化产业的基本概况

广播电视业：截至2002年年底，全省有广播电台20家，电视台22家，总收入16亿元人民币，广告收入5亿元人民币，职工总数为26440人。

报刊出版业：截至2002年年底，全省公开发行报纸88种，99家（"三州"地区党报分别有一个少数民族文字版），高校校报41家，报纸日发行量为832.73万份，年发行总量为150696.22万份，在数量上位居全国第四。新闻从业人数为4929人。广告总收入达4.6亿元人民币，发行总收入3.8亿元人民币，非主业总收入1.02亿元人民币；图书4306种，总印数29852万册，年销售码洋32.09亿元人民币，利润8344万元人民币；录音制品89.31万张（盒），录像制品160.69万张（盒），音像经营单位8914家，总收入9547.2万元人民币。

文化娱乐业：截至2002年年底，全省文化经营单位3.7万个，从业人员22.7万人，营业收入112.29亿元人民币，年均增长59.8%，单位年平均收入30万元人民币，上缴税金6.59亿元人民币。

三大主体文化产业的发展，带动了其他文化产业门类的迅猛发展。据有关部门综合统计，截至2002年年底，全省文化产业机构数为3.7万个，产业总收入达24.03亿元人民币，文化产业资产总额为200亿元人民币。四川的文化产业已初步实现由初期的以文补文经营活动向主体产业化方向转化；由单一国办文化向多种经济成分并存，特别是民营经济占相当比重的方向转变；由小生产经营方式逐步向综合经营、规模经营、集约经营方向转变，文化产业总量已达到了一定的水平。

四川的文化市场发育也比较成功，娱乐市场、演出市场、体育市场、音像市场、图书市场、电影市场、文物市场、美术市场、广告市场等呈现了初步的繁荣、健康、有序发展的局面，在全国特别是西南地区已占据一席之地。每年仅在成都演出的文艺团体就有100多个，成都市艺术中心每年演出300多场次，全年演出收入达420多万元人民币。四川连续获中宣部精神文明建设"五个一工程"组织奖，集中反映了我省文艺创作、文艺发展的水平。四川成功地举办了国际电视节、中国艺术节、旅游节、名酒节以及全国书市、足球联赛等，表明四川的文化市场逐渐进入成熟阶段，为进一步发展文化产业打下了坚实的基础。

（二）四川文化产业的基本特点

一是资产形成一定规模。从全省和成都市文化产业集团的情况来看，资产规模、收入和上缴税额在逐年增加。以2002年为例，四川新华发行集团资产总额25亿元人民币，年销售收入46.5亿元人民币，上缴税金2.1亿元人民币；成都日报报业集团资产总额23.4亿元人民币，年销售收入13.43亿元人民币，上缴税金1.84亿元人民币；四川出版集团资产总额13.57亿元人民币，年销售收入8.64亿元人民币，上缴税金1.26亿元人民币；四川日报报业集团资产总额7.59亿元人民币，年销售收入5亿元人民币，上缴税金5118万元人民币；四川广电集团资产总额16.6亿元人民币，年收入4.76亿元人民币，上缴税金3425万元人民币。我省广播电视设备的数量和性能均位列西部第一，四川日报报业集团的资产规模在西部报业集团和省级党报中也位列第一。总之，据有关资料统计，从2002年至2005年，全省以新闻出版、广播影视和文化演艺娱乐为主的文化产业，总资产年平均增长率预计超过10%，总收入年平均增长率预计超过12%。2005年年底三大文化产业总资产达到500亿元人民币，总收入达到300亿人民币，产业增加值近200亿元人民币，占全省GDP的5%以上；全省文化产业上缴税金10多亿元人民币，产业发展规模在西部地区已位居前列。

这表明，经过数年的努力，四川省在全面实施文化强省战略，着力推进文化资源向文化资本转变的进程中，文化产业发展呈现出良好态势，初步形成了以新闻出版、广播影视和文化演艺为主，涵盖不同领域的多元化产业架构；建立了基本覆盖全省的广播电视传输网络，互联网传输网络，报刊、图书、音像、电子出版物发行网络，群众文化活动网络；规划建设了巴金文学院、沫若艺术院、四川日报报业集团印务中心、四川出版大厦、中国西部出版物流配送中心、四川广播电视塔、省博物馆新馆、西部传媒中心、四川广播电视中心、省图书馆新馆等重要项目，使文化产业发展有了重要支撑。

2005年11月下旬，在成都国际会展中心召开了"文化产业发展论坛暨首届四川文化项目推介会"，同期举办了第八届四川电视节。这次论坛邀请了有关领导、专家学者和文化企业家进行政策解读和战略研讨，并面向社会推荐了一批优质文化项目，成效非常明显。这次会议的举办，无疑是四川推进西部文化强省建设成效的一次展示和评估，充分说明四川文化产业又一次迎来了发展成果的大检阅、发展理念的大更新、与国际并轨的大机遇。据悉，在文化项目推介会上，有43个文化项目成功签订了合作协议，涉及合同金额40.4亿元人民币，其中文化艺术类项目11个，签约金额11.8亿元；广播影视类项目9个，签约金额4.44亿元；新闻出版类项目16个，签约金额7.81亿元；旅游、动漫、网络、会展服务等其他文化类项目7个，签约金额16.35亿元。在四川电视节上，各项交易活动也达成意向性协议金额5.54亿元，新颖的高规格主题日论坛受到国内外嘉宾的高度赞赏。同时举办的"金熊猫奖"评奖活动达到了较高的水准,首届"金熊猫"动漫数字博览会为市民打开了一个全新的窗口,吸收了近6万人观看,盛况空前。总之,这届文化产业大会有力推动了四川及整个西部文化产业更加快速而稳步地发展。

二是产业框架逐步形成。首先是初步形成了以中心城市为核心,辐射带动县、乡、集镇的产业区域布局。各级中心城市以其政治、经济地位在文化产业发展中处于重要位置。如成都市,近年来在全力打造文化品牌以推动多产业融合发展,加快基础设施建设以提供文化产业发展环境条件,以规划为龙头调控文化产业和文化资源布局等三个方面不断地开拓,文化产业发展成效显著,2004年成都市文化产业实现经营收入人民币232多亿元,增加值近66亿元,在西部各大城市位居前列。而成都地区,更是聚集了全省七大文化产业集团,报业总收入占全省报业的2/3,报纸发行总量近15亿份,其中四川日报报业集团发行报纸5.11亿份,发行市场占有率位于西部前列。成都日报报业集团所属的成都商报是全国第一家利用股票市场实现资本运作的新闻媒体,其广告年收入连续3年在3亿元人民币以上,是中西部地区唯一进入全国广告收入十强的报纸。广播电视通播率分别达到93%和96%,广播电视的覆盖面为西部第一。我省现有两个电影发行单位,在全国率先实行了院线制,目前全国跨地区的6条院线中有2条属于我省,电影发行的范围已经扩展到贵州、青海、新疆、甘肃、重庆、湖北、陕西、安徽等省市。其次是初步形成了以大型国有文化产业集团为龙头、多种文化经济实体并存的文化产业的微观主体框架,多元化的产业结构初步形成。面对市场的激烈竞争,我省报业、影视业以市场为导向,以资本为纽带,努力调整和优化产业结构,由业务单一的小生产经营方式逐步向综合经营、规模经营、集约经营的集团化方向转变。四川报业市场从前几年的无序竞争状态,发展到目前以四川日报和成都日报两大报业集团为核心的格局,相对稳定、多元化的产业结构初步确立。影视业也突破了单一发展模式,产业随着广电集团和峨影集团两个产业骨干的建立，形成以网络（院线）、广告、影视制作以及衍生产品的基本架构。其三是从全国范围看，我省文化产业集团化改造涵盖了文化领域的各个方面，七大集团产业分属出版、发行、影视等领域，每个集团在所属文化产业门类中不同程度地掌握着市场主动权，为进一步优化整合资源、拓展市场空间蓄积了力量，积累了经验。

三是管理方式开始转变。随着文化体制改革试点工作的推进，各级党委、政府对文化体制改革和文化产业发展的辅导进一步加强，始终牢牢把握重大事项的决策权、资产配置的控制权、宣传业务的审核权、主要领导干部的推荐和任免权。坚持党的喉舌性质不能变，党管媒体不能变，党管干部不能变，正确的舆论导向不能变。同时，加强制度建设，按照现代企业制度要求，逐步建立法人治理结构和富有经营活力的微观运行机制；进一步强化了对干部队伍的业务培训，在实践中努力培养和锻炼既擅长宣传文化业务又熟悉经营管理的文化产业队伍；新闻出版、广播影视、文化艺术等政府行政管理部门转变职能，政事、政企分开，逐步强化依法行政、行业监管的职能。

三、四川文化产业发展的差距和潜力

党的十六大指出，当今世界，文化与经济和政治相互交融，文化在综合国力竞争中的地位和作用越来越突出。文化的力量，深深熔铸在民族的生命力、创造力和凝聚力之中。经过20多年的改革开放，文化赖以生存和发展的经济基础、体制环境、社会条件发生了深刻变化，给文化建设和发展带来了一系列根本性问题。当下，人们无论在思想认识、文化观念，还是在管理体制、工作方式上，都存在着严重的不适应问题。主要表现：一是文化发展与人民群众日益增长的精神文化需求不相适应，二是文化发展与全面建设小康社会的要求不相适应，三是现行文化体制与社会主义市场经济体制不相适应，四是文化发展与我国加入WTO的新形势不相适应，五是文化发展现状与世界高新技术的飞速发展和应用形势不相适应。

（一）文化产业在四川国民经济中所占比例偏低，经济效益不高

这是一个不能不看到的事实。从文化部门的统计数据来看，全省文化产业生产经营总收入增长率从1997年起达10%，从业人员增长率为30%，经营性资产总额增长率为15%，税后利润增长率为45%。尽管如此，文化产业在我省国民经济中的比重仍然很小。1999年，我省文化产业仅占国内生产总值的0.67%（全国为0.75%），占第三产业增加值的2.16%（全国为2.33%），文化产业吸纳的就业人员占总就业人员的0.3%（全国为0.496%），我省在全国处于中下水平，而发达国家文化产业一般吸纳的就业人员为3%~6%，比重达到6%~10%。因此，相比之下，我省文化产业还属于弱势产业，其经济效益在国民经济中所占比重很低，支柱性地位远未确立。

（二）四川文化产业基础薄弱

1. 文化产业起步比较晚，底子不厚，规模较小

长期以来，四川文化产业基本上处于求生存的阶段，开展文化经营活动所取得的各项收入常用于弥补财政经费的不足，根本就谈不上产业积累和扩大再生产。我省是拥有8500万人口的大省，2003年年底，已组建起来的四川日报报业集团、四川广播电视集团、四川出版集团、四川新华发行集团、四川党建期刊集团、成都日报报业集团6个文化产业集团，年销售总收入78.33亿元人民币，其中的佼佼者——四川新华发行集团2003年的年销售收入才46.5亿元人民币，只相当于美国一个很不起眼的中小型文化企业的营业额。再以2000年为例，全省文化厅系统的文化经营机构有3.5万个，总收入44.19亿元人民币，资产总额为35.29亿元人民币，每个机构平均收入仅为12.6万元人民币，平均资产总额仅为16.8万元人民币。尽管2004年，加上"峨眉电影""四川博文""文化演艺"等几大产业与集团，四川文化产业经营收入和资产总额已有较大增幅，总资产已达484亿元，总收入已突破279亿元，但相对而言，仍然还是小规模的经营，造成文化产业行

业集中度较低，无法获取规模效益。从总体上来说，我省缺乏有国际竞争力的文化产业大集团，缺乏有规模、有实力的文化企业，缺乏科技含量高、创新能力强、有国际竞争力的文化企业。

2. 特色不鲜明，优势不突出

各个行业齐头并进、不分轻重缓急的现象，导致产业发展缺乏巴蜀文化的鲜明特色。巴蜀文化的丰厚底蕴和资源优势还没有转变成经济优势，没有形成在全国有影响的文化主导产业和强势文化品牌，更没有形成较强较大的产品生产业、文化传播业和技术装备业。

3. 整体发展不平衡

首先是地区发展不平衡。四川文化产业的大部分生产能力或资源主要集中在经济较为发达的川西、川南"一条线"地区，如成都、乐山、宜宾、德阳、绵阳等地，而盆周丘陵、山区，尤其是老少边穷地区的文化产业化程度非常低，有的甚至还没有形成产业形态。其次是城乡发展不平衡。与经济发展程度不相适应，文化产业的发展在城镇与乡村也存在着极大的差别，居民用于文化方面的消费结构严重失调。根据有关资料，2002年，我省城镇居民平均每人用于文化教育和娱乐用品与服务费的支出为830.27元人民币，约占总支出的14.7%；而农村人口平均每人用于文化教育娱乐与服务性的支出仅为174.70元人民币，占总支出的9.25%。其三是门类发展不平衡。传统文化行业与新兴文化行业的发展差距拉大。以文化艺术业和广播影视业为例，2001年，两个行业的总投入为21.37亿元人民币，其中广播影视业就占75.5%左右。其四是结构上的不平衡。文化产业已成为我省国民经济中门类比较齐全的一大产业。但从总体上看，文化产业内部各行业、各门类的发展是不均衡的，文化产品的结构和档次也很不平衡。此外，文化产业一些领域中的国产文化资源开发不够、外国文化引进太多的局面还没有大的改观。最后是投资机制上的不平衡。文化产业在投资机制上的不平衡，主要表现为投资结构不合理，国家投资的比重过大，社会资本和外资的比重则相对偏少。甚至在法规上，无论是

《音像制品管理条例》还是《营业性演出管理条例》,都对外资和民资进入一些基础性的文化产业领域设置了较多的限制,从而影响了文化产业的全面发展。

(三)观念滞后、体制机制性障碍也制约着四川文化产业的发展

1. 观念方面

对文化的产业属性认识不够,强调文化发展的事业属性,忽视乃至排斥文化发展的产业属性;过分强调文化产品意识形态的特殊属性,忽视乃至排斥文化产品在社会主义市场经济条件下作为商品的一般属性。对文化产业的地位认识不足,认为文化是花钱的事业,忽视文化产业创造利润、增加税收、提供就业岗位、促进经济发展的功能。

2. 体制机制方面

一是体制不顺,束缚了文化产业的发展。计划经济体制下形成的条块分割、地方(部门)保护和投资主体单一的情况仍然存在;文化管理部门政企不分,政事不分,文化单位双重属性、双重管理并存;文化经营单位权责不明,效率不高,活力不足。二是机制不活。国有文化单位的"三项制度"改革严重滞后,"大锅饭""铁饭碗""干好干坏一个样"的管理机制沿袭至今。国有文化单位大多人员结构不合理,干事的人少,拿工资的人多,人员负担太重。懂文化善经营管理的复合型人才缺乏,领军人物尤其匮乏。论资排辈的现象仍然严重,文化原创能力不足,资源潜力难以转化为现实生产力,文化精品力作难以产出。

3. 文化资源亟待优化整合

行业各自为政的现象突出,文化资源不能在产业链上有效流动。对现有文化资源的粗放经营导致损失大,资源不能被充分利用,亟须强化市场配置资源的力度,促进文化资源向文化资本转变。

4. 经营者主体地位不明确

部分文化单位对资产没有支配权,没有经营自主权,没有确立完善的法人治理结构,对国有资产授权经营的问题没有解决,微观主体活力不足。

(四)加入WTO,对四川文化产业的发展带来机遇也带来了挑战

1. 海外企业的涌入,将使传媒广告业空前发展

改革开放以来,我国的新闻传播业逐步走向企业化经营的道路,广告收入成为传媒业在市场经济条件下运行的基本支柱。而广告收入的大小取决于经济社会的发展水平。有关专家指出,加入WTO后,中国每年的国内生产总值可提高三个百分点。国内经济的繁荣将使传媒业的广告收入得到强有力的支撑。而且,随着国外电信、汽车、金融等企业在华投资的扩大,他们必然借助国内媒体为其开拓市场,这对我省媒体广告额的增加有一定的促进作用。

2. 关税的降低,使传媒业的经营成本大幅下降

根据《货物贸易多边协定》,加入WTO后,我国媒体经营成本会大为下降,例如,纸张和木材的关税将减少2/3,计算机、电信设备和其他高技术产品的关税届时也将大幅下降,这样就可能使传媒业用较少的钱买到国外先进的通讯、印刷设备和质量较好的新闻纸。

3. 开放的格局,有利于文化产业的发展

世界经济的频繁往来,将使我们有更多的信息资源可以利用;信息的全球化,将加强我国文化产业与外国同行的交流,推进机制和体制改革。WTO的双向互利原则、平等交流原则,使我国文化产业获得走向世界的权力,可以更顺利地开拓海外市场。

另外,加入WTO还有利于文化事业单位改革和机制创新,有利于吸引外部资金、技术和管理,有利于建立规范有序的市场环境。

但是,WTO带给我们的机遇是潜在的,机遇隐藏在风险之中。加入WTO以后,我们的文化产业同样面临严峻的挑战。一是各种思想文化互相激荡的挑战。西方价值观、生活理念的进入,对中国人的思想、意识、精神需求必然产生重大影响,将使意识形态的对抗、舆论阵地的攻防更趋激烈和复杂。二是境外文化机构的挑战。境外文化机

构通过控股、合办、合资等各种渠道渗透到国内文化市场，和国内文化机构竞争已是不争的事实。三是国际互联网的挑战。加入WTO后，随着电脑的普及和上网费用下降，使用互联网的人越来越多，通过互联网人们将更加快捷地获取各种信息，可能对传媒业造成信息传播方面的冲击。四是人才竞争的挑战。加入WTO后，进入的外资文化企业待遇可能高于国内文化企业，如何吸引人才、留住人才已是不容忽视的问题。此外，为了生存，国内文化企业的人才竞争也将更加剧烈。

四、实现四川文化产业跨越式发展的对策

（一）统一认识，加强领导，形成文化产业发展规划

文化产业是国民经济的重要组成部分，也是精神文明建设的重要方面。发展文化产业是从"两个文明"的结合上贯彻"两手都要抓，两手都要硬"的方针，是"三个代表"思想的具体体现。当前，我国已经加入WTO，这一方面对文化系统的自身改革将起到巨大的推动作用，另一方面也将对未形成规模优势、尚处于起步阶段的文化产业带来严重冲击。面对机遇和挑战，各级党委政府对此必须要有足够的认识，解放思想，转变观念，增强文化产业意识，切实加强对发展文化产业的领导，组织力量对文化产业进行深入、系统的研究，提出符合四川实际情况、操作性较强的文化产业发展战略，推进文化产业逐步向支柱产业方向发展。

（二）选准切入点，实施重点突破，确立龙头带动全局发展

文化支柱产业是所有文化产业中具有大规模文化生产能力、较强市场扩展能力和较大社会影响的部分，对整个文化产业发展和壮大有着举足轻重的影响。四川文化产业发展必须根据四川的实际，配置好文化资源，确立支柱产业。根据四川的地域特点、文化资源、技术水准、人文传统等因素以及现有的基础，我们认为，我省可以确立有基础、发展态势良好的新闻出版业、广播影视业、文化娱乐业为优先发展的三大文化支柱产业，通过集团带动产业，使产业支撑发展，以发

展促进繁荣,推动全局发展。

(三)调整结构,完善产业构架,加快产业扩张步伐

1. 打造和发展一批大型综合性文化产业集团,实现由粗放型增长方式向集约型增长方式转变

我省的文化产业存在企业组织结构不合理,产业集中度低,专业化水平不高,大而全、小而全等问题,严重影响了综合竞争力。要使之真正能够在国际市场上与跨国企业集团论伯仲、比高低,必须加快调整和改组步伐,按照市场经济规律,通过兼并、联合、重组等,尽快形成更为合理的经济规模。不仅要做大,更要做强。要突出主营业务,通过主辅分离,精干主体,增强竞争优势,真正成为国民经济的支柱和参与国际竞争的主要力量。要采取政府直接推动的办法,彻底打破地域分割和部门围墙。同时要逐步加大市场选择的比重,更多地运用外资的介入、文化企业自身的兼并和重组、资本运作等方法,组建和发展文化产业集团,大力推进文化与经济、文化与科技、文化与资本的结合,抢占文化产业新的制高点,成为加入WTO之后迎接全球化文化市场冲击的中流砥柱。

2. 加快文化体制的改革,完成由"事业型"向"产业型"过渡

如,按照"优团优待"的政策,对除少数国有文艺院团实施重点项目资助外,绝大多数文艺院团应成为自我管理、自主经营、自我发展的精神产品的生产主体。要实行社会化的行业管理,改变政府对文艺院团直接拨款的做法,建立文艺发展基金,多渠道筹措经费;对大部分文艺院团放开搞活,积极推行剧目招标和出品人制度,建立人才合理流动机制;支持文艺院团进行各种有利于增强活力、不断提高艺术水平的改革探索,包括人员聘任、业务考核、利益分配等;促进文艺创作、文艺演出、文艺展出、文艺服务中各种资源要素的优化配置,使之产生最大效益。

3. 完善产业法规,拓宽投融资渠道,强化宏观调控功能

为适应社会和时代新形势新任务的要求,要确立党委宣传部门对

全社会文化产业的宏观调控体制,注重政府部门从偏重办文化转向抓好行业管理的工作,实现政府职能的根本性转变。要充分认识发展文化产业、加强文化设施建设的重要性,用足用活国家现行的产业政策,完善文化产业财税优惠政策,以及制定产业组织和产业结构政策,建立市场准入制度,多渠道筹措资金,实现投资市场化、多元化,加快各类文化设施的建设和文化产业的形成。

第五节　可持续发展道路上的文化产业与文化强省建设

如果说,现阶段大力发展文化产业是实践"三个代表"重要思想的客观需要,是物质文明、政治文明与精神文明建设齐头并举的重要结合点,是推动社会主义市场经济的重要内容,是实现社会主义现代化和全面建设小康社会、和谐社会目标的有效途径,也是我国应对"入世"挑战和进一步解决经济发展的结构性矛盾与体制性障碍的关键环节。这是一个严肃的政治问题,也是一个重大的经济问题。那么对于中国各省各地区来说,从实际情况出发,积极发展文化生产力、增强文化活力和发展壮大文化产业,则是实现其经济、生态环境和各民族文化协调发展的重要路径,是培育其新的经济增长点与推进其社会经济健康和稳定发展,以及加快建设文化大省、强省的理想选择。

一、以科学的态度寻求社会和谐与进步

我们知道,在过去的25年里,中国创造了国内生产总值年均增长超过8%的世界奇迹,但与此同时,在社会、环境等许多方面也付出了巨大的代价。随着我国政府提出坚持以人为本,树立和落实全面、协调、可持续发展的科学发展观的要求,片面追求GDP增长的发展模式开始从中国逐渐淡出。2004年2月21日,国务院总理温家宝在省部级主要领导干部"树立和落实科学发展观"专题研究班结业式上的讲

话中指出:"科学发展观就是要将城乡发展、区域发展、经济社会发展、人与自然和谐发展与国内发展和对外开放统筹起来。"这样的发展才是有效的、可持续性的。不少同志认为,中国经济在以惊人的速度增长,规模巨大,如果不改变目前高消耗高污染的增长方式,中国将没有足够的资源和环境容量来支持今后的发展。因为,中国人均资源不多,生态环境先天脆弱,中国20多年来盛行的高消耗、高污染、低效益的粗放扩张型经济增长方式,使得能源浪费大、环境破坏严重等问题日益突显。不少权威机构指出,中国应考虑减缓GDP增速,将更多努力放在以科学态度寻求社会的和谐与进步上;党中央提出的科学发展观表明,中国政府将不再把GDP作为测定发展的唯一标准,而是要将环境、资源、社会等多方面的要求包括进来。这些富于理想的高瞻远瞩的且又符合可持续发展理念的建议和意见,无疑为我们今后的发展提示了方向,指明了路标。

中国共产党第十六届五中全会通过的《中共中央关于制定国民经济和社会发展第十一个五年规划的建议》指出,要坚持以科学发展观来统领经济社会发展全局的思想认识,要以邓小平理论和"三个代表"重要思想为指导,全面贯彻落实科学发展观。坚持发展是硬道理,坚持抓好发展这个党执政兴国的第一要务,坚持以经济建设为中心,坚持用发展和改革的办法解决前进中的问题。发展必须是科学发展,要坚持以人为本,转变发展观念、创新发展模式、提高发展质量,落实"五个统筹",把经济社会发展切实转入全面协调可持续发展的轨道。这无疑顺应了当今世界互动合作的总体环境和以和平及可持续发展为趋势的时代潮流,更加高瞻远瞩地为我们在政策水平和理论思想上提供了今后一段时期内我国经济和社会坚持科学发展的宏观指导原则。

二、建构充满新人文主义的价值观

可持续发展绝对不是一个随便挂在嘴上说说的时髦词汇。正如那些研究现代性的学者所言:"与现代社会的现代性对秩序和决策的所有权形成对照的是,一种新的强制性的经验产生了,它既不等同于也不能混同于古代的对自然的依赖或工业化时代的阶级经验。"所以,凭借着这种由文明生产出来的"自然命运"的新经验,人们普遍要求向新的生活方式过渡和变革,即克服那种导致自然资源稀缺的"过量消费",向"可持续的生活方式"发展。①

不是有人问"可持续什么"吗?那么可以这样回答,可持续并非是持续目前状态下的生活时尚和消费水平,更不是持续那种导致自然和人文生态环境恶化的只管"在消费驱动下的工业经济中的消费方式",或"唯GDP论"。可持续发展的核心当然是发展,但它毕竟是一种既要考虑当前发展又要考虑未来发展,既要考虑经济和社会的发展又要同步保持和建设良好生态环境的新的发展方式。1994年联合国环境署在肯尼亚内罗毕发表的报告《可持续消费的政策因素》提出,可持续消费的定义是"提供服务以及相关的产品满足人类的基本需求,提高生活质量,同时使自然资源和有毒材料的使用最少,使服务或产品的生命周期中所产生的废物和污染物最少,从而不危及后代的需求"。该报告同时指出,可持续消费并不是介于因贫困引起的消费不足和因富裕引起的过度消费之间的折衷,而是一种新的消费模式,适用于全球各国各种收入水平的人们。实现可持续消费,必须实现价值观念的转型,必须彻底扬弃和超越传统工业文明的无限制发展、人类中心主义、物质消费主义的价值观;建构一种不仅是生态文明的,更重要的是充满人文主义的价值观。这种人文主义的价值观不仅是对所谓人性的一种限制,而且还是克制物性对人性的宰割以及兽性泛滥的重要精神武器。只有建立起这种新人文主义价值观,我们才能担负起"人类只有一个地球"的道义感和责任感。自己

---

① 乌尔里希·贝克,等. 自反性现代化:现代社会中的政治、传统与美学[M]. 赵文书,译. 北京:商务印书馆,2001:65.

发展也考虑他人的发展,今世发展也着眼于子孙后代的发展。只有这种价值观,才能使我们走出享乐主义和奢侈消费主义的生存怪圈,通过道德修养、艺术审美等人文追求,使人的存在、人的发展保持主体性,使心灵世界更广袤、更深沉、更美丽。[1]由此看来,坚持科学的发展观,保持人与自然的和谐是"可持续"的关键。而提高人的文明素质,使自然生态和社会文明的基本特征得以确保,就是实现可持续发展的根本保证。

三、把握文化价值目标和促进文化生产力

著名经济学教授樊纲曾很实在地说过,人吃饱穿暖以后会追求什么?俗一点说是"玩",雅一点说就是"文化"。这话言简意赅。人吃饱穿暖以后才会"玩"文化,那我们就可以说,社会发展到一定阶段以后,经济增长就主要靠文化产品的增长了。

因为在今天,当工业和高科技带来了高度便利,所有的现代器具在使人更有效率、更富生产力和更自主、更独立及更个人化的同时,一方面人们的生活也随着社会的变迁而变化,被物质财富的膨胀不断软化的当代人,普遍感到心灵的孤独及无所栖息,人类精神需要某种滋养、陪伴和依托,灵魂需要找到一个可以停泊的温暖港湾。在物质财富得到某种程度的满足以后进一步渴望得到精神的满足,本来就是人类天性的需要。另一方面,如果说现代工业"延长的生产链终将使其产品和人类的福祉背道而驰",那么事实上现代工业生产和都市化已逐渐将人类与食物链切断,由此而来的空气污染、水污染和食品污染使我们每一个人都处于五花八门的防卫之中,随时预防现代工业、生活方式所带来或造成的有害物质。那些研究人类学、社会学的学者不无焦虑地指出,当今人们普遍不知道食物来自哪里、如何生产、谁能生产、在配送传递的过程中会发生什么事。方便的东西并不见得对

---

[1] 文心吾,张越川. 中国可持续发展道路探索[M]. 成都:四川人民出版社,2001:258.

消费者的身体有多大方便，人们感到自己正在失去主控自己命运和身体的能力。由此而对产品品质的普遍不满和不安，已让人们认识到"品质不再是竞争的比较优势"，转而寻找感觉，趋向回归自然，远离那种不断剥夺自然资源以求发展而导致生态污染、疾病越来越多的生产和生活方式，选择"绿色"的、富含文化品位的优良的产品。也就是说，人们开始思考那些更能有效控制自己生活的价值观，找寻产品中所包含的文化价值。

于是，人类社会开始不断地思索和努力建构能把握文化价值目标的有效体系。

事实上，经过改革开放20多年的发展，我国经济建设和社会变革已经取得了前所未有的进展，成绩非凡，人均GDP已超过800美元，商品短缺的时代已基本结束。国际统计信息中心根据联合国开发计划署（UNDP）公布的《2004年人文发展报告》，介绍了中国人文发展指数（HDI）的国际比较情况。2004年世界人文发展指数为0.729，比上年的0.722提高了0.007个百分点，其中中国的人文发展指数为0.745，比上年的0.721提高0.024个百分点。中国人文发展指数增幅比世界平均水平高出2.3个百分点，在世界的位次由上一年的104位上升到94位，达到了世界中等人文发展水平。[①]

这充分表明改革开放促进了中国经济和社会的稳步发展。由此人们的生活水平普遍得到提高，物质生活越来越丰富，便逐渐向往和追

---

① 中国统计信息网www.cnstats.oyg，2004-10-18。据中国科学技术信息研究所统计资料，2004年人文指数最高的国家是挪威，为0.956，依次排名位居前十名的是瑞典、澳大利亚、加拿大、荷兰、比利时、冰岛、美国、日本、爱尔兰。所谓人文发展指数（HDI），也称人类发展指数，由预期寿命指数、教育指数和GDP指数三个分项构成，即是衡量人文发展的三个方面平均成就的综合性指标：一是健康长寿的生命，用期望寿命来表示；二是知识，用成人识字率及大中小学综合入学率来表示；三是体面的生活水平，用按购买力平价法计算的人均国内生产总值来表示。在此基础上用加权平均法分别计算出这三个方面的指数，然后将这三个方面的指数进行简单平均，即为人文发展指数。这个指数在0~1之间，指数越接近1，说明这个国家经济和社会发展程度越高。

求一种更高层次的富含精神内涵的文化生活。于是我们看到，社会经济逐渐向精神文化消费转型，特别是21世纪以来，可以说精神文化需求以及由它带动的其他需求成为经济发展的新空间，精神文化需求也由此成为经济增长极其重要的动力，因而把握文化价值目标体系、有效促进文化生产力以发展文化产业也就成为我国经济发展的内在的必然需求。尽管我国有五千年的文明史，文化积淀很深，文化资源极其丰富，可我们仍然处于较低的管理水平、依然有较低的文化资源的商品转化率，以及仍然很低的文化产品的精神内涵和艺术精致程度，不仅没有深度开发国内消费市场，而且也很难适应经济全球化时代市场竞争的需要。但不管怎么说，在过去的几年之中，我国不少省份在文化强省战略中由于能科学地把握文化价值目标体系以有效促进文化生产力的发展，全国文化产业总体上已出现了较快的发展态势。据有关资料统计，仅由"文化部管理的文化娱乐业、音像业、演出业、艺术品经营业等产业单位有20多万个，年上缴税金20多亿元，创造产值100多亿元。加上传媒、出版、培训教育和文化旅游等产业一千多亿元的市场规模，已经具备了进一步产业化发展的基础"。据文化研究专家估计，"我国今后几年内，潜在的文化消费能力有3000亿元以上，到2005年将达到5500亿元左右的规模"[1]。这不能不说是文化产业持续发展的好兆头。

所以在今天，把发展文化产业作为提高可持续发展能力的一个重要环节来考虑并不是一句随便说说而已的大话和空话。因为文化精神内涵的提升是人类社会进步的重要标志，而可持续发展本身也是我们实现精神文明建设、坚持先进文化前进方向、把握先进文化的科学内涵所要求的奋斗目标。因此，发挥可持续发展过程中人的因素以及提升人文环境的优化指数，把握可持续发展战略的文化价值目标，以提

---

[1] 叶朗. 全面推动与高质量起跳：21世纪的中国文化产业［M］//向勇. 北大文化产业前沿报告. 北京：群言出版社，2004.

高可持续发展能力和促进可持续发展战略中的文化生产力，不仅是当前经济稳步发展、社会和谐与进步的一个重要方面，也是文化产业能够可持续发展的关键所在。而这一切，不也正是文化强省建设所要建设的重要目标体系吗？

第三章　城市化进程中的城市文化

历史是一个螺旋上升的过程。

城市的历史、城市的进化与发展、城市化进程中的城市文化生态的变迁，也是社会进步的必然选择。

城市化是从农业文化向工业文化的过渡，是社会发展的必然趋势，它是工业化的产物，也是工业化进一步发展的重要基础。城市化是一个渐进的过程，更是一个庞大而复杂的社会系统工程。

城市，是一个国家最发达、最繁荣的地区，是经济水平的集中体现，也是文化魅力的表征。在今天，城市化进程中的城市文化建设是以可持续发展为原则的，因为"城市绝非简单的物质现象，绝非简单的人工构筑物，城市已同其居民们的各种重要活动密切地联系在一起，它是自然的产物，而尤其是人类属性的产物"[①]。所以它应该是绿色的、生态的，是有益于人们身心健康的。城市作为"人类属性的产物"，其最根本的内涵是城市要符合"人性化"的生存与发展，具有人文特色和人文精神，是一种"美"的造物。从柏拉图的《理想国》到19世纪奥斯曼的巴黎城市改建，从美国的"城市美化运动"到柯布西耶的"现代城市"设想，都反映了人们对美好城市形象的向往，即对城市文化的追求。尽管资本的涌入、GDP的增加可以造就城市一时的发展，但难以成为城市可持续发展的源泉，更难以形成城市的人文特色和人文精神。人文精神是人类文化的核心，在以城市为载

---

① 陈寿灿.建设城市文化与提升城市竞争力[J].浙江学刊，2002（3）.

体的空间范围内，人文精神正集中体现为城市的精神。

城市，作为一个地区的政治、经济、文化的中心，是这个地区的形象代表，既是国家和地区展示自己的窗口，又是走向世界的桥头堡。城市文化的发展水平往往代表了这个地区文明程度所能达到的最高水平，城市文化的发展推动了城市经济的发展。城市文化是城市发展的动力，城市的可持续发展与城市文化有着非常密切的关系。文化的进步和繁荣是城市发展的终极目标，也可以说是最高目标，它是人类社会全面发展的动力源泉，又是人类社会最宝贵的财富。

第一节　城市与城市化

城市产生于原始社会向奴隶社会过渡的时期，它是生产力发展的产物。城市一经出现，便成为一个区域的政治、经济和文化中心，一个地区政治统治水平和发展水平的重要标志。

一、城市、城市化的概念

在我国，一般认为，城市是以非农业活动和非农业人口为主的人类聚居地。从夏朝开始，我国已有数千年的城市历史。在漫长的城市发展进程中，我国各族人民创造了特有的政治、经济、文化，影响着我们今天的生产和生活。中国城市的发展与西方有着显著的不同。西方城市更主要的是随着手工业的出现和社会分工而逐渐形成的，其经济属性相当浓厚。中世纪欧洲城市的兴起，拉开了文艺复兴、资本主义运动、工业化、民主化和现代化的帷幕。中国城市长期体现为政治、军事中心，主要为统治而设立。在封建统治者眼中，"城"与"市"不能混为一谈。千百年来，中国人提到的"城"，都是郡府州县衙门的驻扎地；"市"，是仅供交易的处所。直到鸦片战争后，商埠才有强烈的经济意义。到20世纪30年代，国民政府通过《院辖市组织法》后,中国的城市概念才逐步走向现代。城市化是由工业化引起、伴随着现代化过程而产生的在空间上人口、社会、经济、文化、思想、政治等领域变迁演化的一段承前启后的历史过程。城市化从英国等西欧国家开始,先是工业革命,进而实现工业化和城市化,后来向北美等地区扩展。到20世纪初期,西方主要国家都先后完成了现代化与城市化;东方国家的城市化进程大大落后于西方,只有日本进展较快。中国在鸦片战争以后开始城市化,但长期的战争破坏、国家分裂、制度腐朽,致使工业发展长期落后,沿海和内地有少数城市但不成气候。

二、我国城市化的基本情况

由于中国现代意义上的城市出现较晚,社会生产力水平不高,中国城市化进程比较缓慢。到1949年,全国的城市化水平只有10.6%。新中国成立后,由于工农业生产落后、经济基础薄弱及与城市化相关的政策、制度等原因,城市化进程起伏不定,其间城市发展经过了三个阶段:初期发展阶段(1950—1957年),波动阶段(1958—1965年),基本停滞阶段(1966—1978年),直到1978年城市化水平仍低于18%。改革开放后,中国的经济体制由计划向市场转型,连续20多年的经济高速增长(年均递增率达9%以上),促使农村人口开始向非农地区转移,原有城市不断扩大,中小城镇迅速崛起,城市化浪潮开始席卷大地。从1978年到2000年,小城镇由2176个增加到20312个,城市数量由190个增加到663个,其中大城市、特大城市及超大城市93个,城市化水平已达30%。世界城市化发展的规律表明,一个国家或地区的城市化水平达到30%左右时,城市化进程将进入快速发展阶段。世界银行对全球133个国家的统计资料也显示,当人均国内生产总值从700美元提高到1000~1500美元时,城市化进程加快,城市人口占总人口比重将达到40%~60%。因此,相关专家预测,到2020年中国城市化水平将达到50%,有人甚至认为可能超过65%。这意味着中国的城市将从600多座发展到约1500座,大量乡镇将变为城市,农民将变为市民。

三、加快城市化进程的重大意义

目前,我国仍然有约70%的人口生活在农村,生产和消费属于自给自足型。除了现在600多个大中城市,全国2800个县、市大部分人口规模不足;还有19000多个建制镇,平均人口规模也不到1万人。中国城市化水平滞后带来了一系列矛盾和问题,严重阻碍了中国的经济和社会发展。比如,农业人口比重高使农民商品化消费水平低,造成"大中国,小市场"的局面;城市化发展的滞后造成人口结构、资源占用和收入分配结构上的不合理;等等。特别是近些年来农民收入增长减缓(1989—1991年曾经出现过连续3年收入增长幅度下降的现象,到1997—1999年又再次出现,其中1999年农民收入仅增长3%~4%,远低于城市8%~9%的增长速度),不仅直接影响农民生活水平的提高和农户生产投入的增加,而且对城乡差别的缩小和小康目标的实现产生了不利影响。

这些年,"三农"问题一直受到中央的高度重视。中国共产党第十六次全国代表大会把"全面繁荣农村经济,加快城镇化进程"作为解决"三农"问题的重要举措,指出:"农村富余劳动力向非农产业和城镇转移,是工业化和现代化的必然趋势",要"消除不利于城镇化发展的体制和政策障碍"。一些专家也认为,要想富裕农民,必须减少农民!有人估算,若能通过实施积极的城市化战略,使农村人口减少30%,在其他条件都不变的情况下,农村人口的平均收入即可增加30%。推进城市化不仅是解决农民收入增长问题的途径,也是解决现阶段我国社会经济发展中一系列其他深层次矛盾的重要突破口。它能促进我国农村剩余劳动力的转移,解决人口结构性的矛盾;城市人口规模扩大可以拓展第三产业发展空间,创造更多的就业岗位,缓解就业压力;大量农民变为城市人口,更多的土地可以恢复自然状态,生态环境从根本上得到保护，有利于社会经济可持续发展。有学者推算，转移两亿左右的农民，不仅会使耕地增加大约1800万亩，还能提高农业劳动生产率、促进农业现代化和城乡一体化、推进二元经济向一元经济转变等。世界银行专家尤素福认为，20世纪80年代以来，中国经济增长有10%是从城市化进程中获得的。可见，实施积极的城市化发展战略，既是城市化发展本身客观规律的需要，也是我国工业化由初期阶段进入中期阶段的根本要求，更是我国社会经济发展和现代化进程的必经之路。在一个实现了现代化的国家，农村人口占多数是不可想象的，没有城市化就不可能实现现代化。从某种意义上说，人类发展的文明史也是一部城市发展史和城市化进程史。考察世界各发达国家社会经济发展的历史，发现他们无一例外地经历了农村劳动力向城市非农产业转移的过程。在我国的现代化进程中，城市化的作用不能忽视。

第二节　城市文化的内涵

文化，是指人类改造自身、改造社会、改造自然的一切活动及其获得的成果，是人类创造的一切物质财富和精神财富的总和。城市文化是人类进化到城市生活阶段的产物，是人类在城市中创造的物质和精神财富的总和。城市文化，是城市的人格化表现，是人类生活的空间化表述，体现了城市的历史文化、城市的建筑风格、城市的形态格局，反映了城市市民的综合素质、文明程度、价值取向、思想情操和精神风貌。

一、城市文化是具有鲜明城市特点的一般文化

广义的城市文化是城市政治、经济和文明程度的综合整体，如衣有服饰文化，食有饮食文化，住有建筑文化，行有交通文化，乐

有娱乐文化，传媒有新闻文化，还有审美文化、学术文化、宗教文化、风俗文化、旅游文化等等。狭义的城市文化特指人民群众的精神娱乐活动。

城市文化强调的是标志性的或内在的价值。从整体上分析，城市文化涉及四个要素：一是城市文化是一种大文化的视角，它不是单指某一特定城市的文化教育设施、人的知识水平、教育程度的狭义文化形象，而是包括了某特定城市所创造的一切物质文化、制度文化和精神文化总和所形成的整体景象。二是城市文化是一种综合认识的结果，即主体对某特定城市客体的总印象，它不是单个人的认识，也不是多数人对城市文化个别要素的认识，而是多数人对一个城市的总体认识结果。三是城市文化的构成要素包括城市建筑文化、城市公共文化、城市科技文化、城市自然文化、城市制度文化与城市精神文化等，它们是自然文化与社会文化的结合，物质文化、制度文化与精神文化的统一，它们构成了城市文化形象的物质基础与基本条件。四是从城市文化表现的载体来看，它分别由理念文化、制度文化、产业文化、人文景观文化和自然景观文化等五个系统组成。要完整地了解和认识一个城市的文化存在和文化类型，就必须认真研究一个城市的文化载体，因为文化作为人类精神劳动的产品和信息形态、符号的产品，它本身是无形的，在现实生活中人们对文化的认识和感受，也只有通过有形的城市社会组织和物质载体来予以实现；而这一切，又都要从内在的城市文化价值的角度出发去思考和衡量。

二、城市文化是城市的灵魂

城市如果没有文化，就没有美感，城市文化是城市的灵魂。

一个城市的形象，一个城市的品牌，是一个城市给人们留下的最深刻印象的文化特点，是一座城市的灵魂。人们一想到某种文化概念就会想到某座城市。比如，我们谈传统文化会想起北京，谈"海派文化"会想起上海，谈现代青春时尚文化会想起深圳，谈"休闲文化"

会想起成都，谈古典建筑园林文化会想起苏州，谈民族旅游文化会想起丽江，谈中西交融、华洋杂处的"国际大都会"文化就自然会想到香港。世界上那些著名的现代国际大都市如纽约、巴黎、伦敦等，之所以有不可忽视和替代的特殊地位，绝不仅仅因为它们的物质条件，而首先是因为它们的文化条件，这些城市都有它们各自的城市文化。即使只是一个城市的地标，也作为一种文化形象而被保留在人们心中，比如北京天安门、上海外滩、南京中山陵、香港维多利亚港、巴黎埃菲尔铁塔、伦敦大本钟、悉尼歌剧院、纽约华尔街和百老汇等，就我们西部来说也有重庆解放碑、成都春熙路这样的地标。总之，这些闭上眼睛也能感知的城市地标，不就代表了一座城市的内涵深厚的城市文化吗？

在中国城市发展的今天，人们看到，许多中国的大城市都在模仿国外的现代化大都市，中等城市模仿大城市，县城模仿中等城市，村镇模仿县城，个个都像是孪生兄弟一样。须知，城市的这种距离感和美感是由于城市某些尺度的改变及个性特色而造成的。如果特点都是统一的，生活在城市中的人，则会失去幻想的生存空间和生活空间。如此既无法满足人们不同品位的文化需求，也不能全面提高人们的生活质量，甚至会导致城市文化的丧失和城市市民精神的失落，最终则会失去一座城市的灵魂。

三、城市文化不仅仅是一个城市的文化

任何城市的文化都不是一个孤立的存在，而是同一定的民族、一定的国家紧密相关的，都是在民族文明摇篮和社会变迁的历史长河中慢慢形成和发展起来的。因此，城市文化必然被深深烙上民族和国家的印记，成为民族文化、国家精神的凝聚点和闪光点，可以说城市文化就是以民族文化为血脉、以国家精神为骨骼、以城市自身性格和气质为精髓的文化形象的综合反映。我们推进城市化、建设现代化城市，归根结底是为了民族的振兴、国家的强盛和人民的幸福。所以，

城市文化的价值取向应代表着民族、国家和人民的最高利益。这不仅是一个城市，而且是一个民族、国家的强大精神支撑，是一个城市发展乃至一个民族、国家成就伟大事业的精神动力。

所谓城市文化不仅仅是一个城市的文化，而是代表了一种形象，是深层的城市文化内涵在城市外部形态上的直观反映。因此，城市文化应该是一个特别强调美好的"感受性"的美学概念，因为"形象"本身，也是按照"美"的规律去塑造的。所以，按照"美"的规律去感受的城市感受系统，如作为城市精神理念所产生系列形象效应的"精神感受系统"，像延安的"延安精神"、北京的"主导文化"，上海的"海派文化"等，它就是一种城市的社会共识、一个特定城市在一定时期的观念文化。又如城市形象最直观的"视觉感受系统"，它包括城市的一切视觉景观，诸如北京天安门广场的升旗仪式、济南交警的上岗风范、上海外滩的"万国建筑群"、哈尔滨的冰雕艺术，以及周庄的小桥流水等人文景观、建筑景观、道路景观、商业景观、旅游景观的典型特色，都能给人以视觉的直观感受。还有城市文化的"消费感受系统""风情感受系统""经济感受系统"等，都为各自的城市形象设置了一道道亮丽的风景线，增添了美的光彩。

第三节 城市文化的特征

一座城市的兴衰、起落往往是与这座城市的文化符号联系在一起的（可以说现在又特别是与流行文化符号联系在一起的），当然，正如辩证唯物主义所言的"经济基础决定上层建筑"，这些文化符号又总是随着经济重心的变迁和转移而起落的，它体现出一定的城市文化的时代性与历史性、地域性与凝聚性、先进性与导向性、熏陶性与规范性、整体性与辐射性等特征。

一、时代性与历史性

城市文化一般来说是在整个社会前沿的文化,是一种最能体现时代特征、具有强烈时代感的文化。城市是社会经济发展到一定历史阶段的产物。城市的产生和发展,推动了人类社会的巨大进步,几乎所有伟大的文化都是从城市中诞生出来的。正如恩格斯指出:"在德国境内,只是在几个工商业中心及其附近地区才有文明可言。"[1]"只有法国才有巴黎,在这个城市里,欧洲的文明达到了登峰造极的地步。"[2]可以说,一部世界史主要是一部人类城市的时代史。那么集中代表城市文化形态及与城市有关的精神现象的城市文化也必然是时代的产物,它产生于某一时代,同时表现这个时代、代表这个时代,社会物质生活和特定时代人们的行为实践是其产生和发展的沃土和源泉。因此,无论具体内容还是表现形式,城市文化都带有鲜明的时代性。但这种时代性不是脱离历史的时代性,而是继承历史又与时俱进的时代性,"观今宜鉴古,无古不成今",城市文化是历史文化的继承与延伸。城市文化是历史和现实的产物,是历史传统和时代精神有机结合的生动体现。没有历史传统,城市文化就失去了基础,就是空中楼阁;没有时代精神,城市文化就失去了现实根据,只能是历史陈迹。

二、地域性与凝聚性

城市文化特色各异的一个重要原因是由于它的地域性。地域性是城市文化特色的最基本、最显著的特征。在古代,由于受生产力水平的限制,人们对于地理环境的依赖很大。地理环境的差异性在很大程度上决定了城市文化特色的差异性,如高原城市与平原城市的文化差异是十分明显的。此外,在古代社会中,城市与外界的人流、物流、

---

[1] 恩格斯. 马克思恩格斯全集:第7卷[M]. 北京:人民出版社,1959:387.
[2] 恩格斯. 马克思恩格斯全集:第5卷[M]. 北京:人民出版社,1958:550.

信息难以互通，处在相对隔离的状态。城市与城市之间在文化上的影响和借鉴是有限的，这也是先前城市文化特色较强的重要原因。但时至今日，人们对于地理环境的依赖大大减弱，加上在现代社会中城市间的交流大大加强，城市文化特色的地域性特征相对减弱。城市文化特色的形成过程是城市的地理环境、经济发展水平与城市市民的价值准则、审美情趣、伦理观念等要素相互作用与整合的过程。从这点上说，城市市民的文化心理实际上已经是城市文化特色的组成部分。因此，城市文化特色对于市民的凝聚作用是"与生俱来"的，也是十分强大的。可以说，对于一名浪迹天涯的游子，最让他梦绕魂牵的往往也是其家乡城市的文化特色。

三、先进性与导向性

城市是人类社会现代化的火车头，是社会"文明风暴"的中心，这里群英荟萃、人才辈出。马克思盛赞城市在改造客观世界的生产活动中，"生产者也改变着，炼出新的品质，通过生产而发展和改造着自身，造成新的力量和新的观念，造成新的交往方式、新的需要和新的语言，聚集着社会和历史动力"[①]。各种先进文化在城市中交汇、融合和碰撞，不断产生新思想、新观念，培育了具有鲜明时代特征的现代城市文化，这就是：对当代文明的执着追求，改革开放的强烈愿望，开拓创新的浓厚意识，自强不息的精神状态，助人为乐的高尚情操，文明礼貌的社会风尚，服务社会的责任感，公平、公正的民主理念，以人为本的科学发展观。有了现代城市文化，就能使城市作为现代化建设的主力军，始终站在社会文明的制高点和现代化建设的前沿，跟踪世界潮流，追随时代文明，担负起开辟发展先进生产力、先进文化和先进民主政治道路的历史责任。城市文化对城市的发展方向和速度、精神面貌的塑造、市民行为的规范、对外形象的树立以及整

---

① 马克思. 马克思恩格斯全集：第46卷上册[M]. 北京：人民出版社，1979：494.

个社会的发展和进步,都有重大而深远的影响。城市文化一旦形成,就以其特有的价值取向规范人们的行为,在潜移默化中使人们形成统一的意志和信念,继而发挥对城市整体的行为导向、价值导向和目标导向作用。

四、熏染性与规范性

有位艺术批评家曾说过:"最广泛与人民接触的莫过于环境艺术,大到一个城市的规划与建筑,小到住宅里的一个花瓶的摆设,无不潜移默化地影响着人们的性情和思想。"[1]城市文化特色无时无刻不通过市民的感官融入他们的内心世界,影响他们的思维方式、审美情趣和行为方式。至于风俗礼仪、民间艺术、饮食习俗、俚语方言等方面就更是如此。例如,杭州根深蒂固的茶文化已经深深地渗入杭州人的生活之中,哪怕"洋饮料"的攻势再厉害,也不能动摇茶文化的地位。城市文化特色在许多方面已经成为市民心理上(甚至已经内化为生理上的)的依托。城市文化特色一经定位,就会对城市建设和发展的各个方面起到约束和规范的作用。在城市建设中,城市文化特色是确定建筑风格与样式的主要依据,它可以减少在这些方面许多无谓的争论和犹豫,大大降低成本并节约时间。比如大连的主要文化特色是"洋",该城市的基本建筑风格就可以往"洋"上面靠;山西平遥的文化特色是"古",该市的基本建筑就应向古典风格靠拢。在城市产业结构的调整中,文化特色也是主要的考虑依据。

五、整体性与辐射性

城市文化不是某些城市主体或城市文化某些要素的简单构成,而是城市文化中各种构成要素以及市民整体素质的有机结合;不是少数市民或某个构成要素的优化,而是全体市民和各种构成要素的优化。

---

[1] 王明贤. 诗意栖居[N]. 光明日报, 1999-11-04.

城市文化的内容越丰富，其载体——市民的素质越高，城市文化的作用和影响就越大。城市文化处在时代的聚集点上，它代表大多数人所信奉、所追求的观念和精神，反映了多数市民的意志，对全体市民的文化、科技、思想道德素质，对整个城市的物质文明、精神文明、政治文明，都起着引导和推动作用。城市精神一旦形成，就像一个推动器，有很大的辐射作用，能把属于原创力的自由文化辐射出去。不仅可由大城市辐射到中等城市、小城镇甚至乡村，而且还能辐射到国外。城市文化所具有的历史性与时代性、地域性与凝聚性、先进性与导向性、熏染性与规范性、整体性与辐射性相统一的基本特征，是由城市生活状态所决定的。但不同的城市又因不同的自然状况、发展条件、历史变化和人为因素，呈现出各自不同的城市文化特征，这些特征是城市的个性和魅力的永久标志，是城市文化的生命活力所在。

第四节　城市文化促进城市发展的作用

文化是推动人类社会由低级向高级发展的动力。美国17世纪的人类学家摩尔根在他所著的《古代社会》中明确指出："人类是从发展阶梯的底层开始迈步，通过经验知识的缓慢积累，才从蒙昧社会上升到文明社会的。"[1]摩尔根所说的"经验知识的缓慢积累"，就是文化的积累。换言之，没有文化的积累，人类社会是不可能上升到文明社会的。今后人类社会要不断向现代化方向发展，仍然要靠文化的推动，这是普遍规律。城市作为人类相互联系、聚集的产物，是人类文明的重要标志。没有城市，文明就不太可能兴起。中外城市的发展进程表明，城市文化是一个国家文化最发达、最繁荣地区的文化。城市文化的发展水平往往代表了一个地区或一个国家文明程度所能达到的

---

[1]　摩尔根.古代社会：上册[M].北京：商务印书馆，1997：33.

最高水平。可见，文化是推动城市发展的动力，城市的可持续发展与城市文化的关系十分密切，城市文化的发展是推动城市经济及公共政策发展质量的有力保证。那么，城市文化对城市整体发展的具体作用究竟如何呢？我们认为主要在以下几个方面有所体现。

一、城市文化是城市发展的推动力

文化一直被认为主要起促进人的发展、丰富人的精神生活、推动社会发展和国际交流等作用。但是近年来，文化的经济功能正在逐步被认同和发现。1998年世界银行发布的《文化与持续发展：行动主题》报告，提出"文化为当地发展提供新的经济机会，并能加强社会资本和社会凝聚力"。城市文化是一种优越人文气息的集合，是各种技术的外在表现。在科学技术发达的今天，城市文化越来越成为推动城市发展的巨大力量。重视文化建设，塑造城市的文化形象，并通过文化氛围来凝聚城市的人心，推动城市的发展，已成为当今城市建设的一项重要内容。放眼当今世界，在经济全球化和新技术革命浪潮的推动下，以美国为首的西方各大城市，如纽约、伦敦、巴黎、维也纳等不仅仅是经济上的巨头，同时更是文化上的"寡头"，而且越来越重视文化对城市发展的作用。比如纽约市政府对文化事务部提出的工作目标之一就是"提高文化对于经济活力的贡献度"。人类社会已进入信息社会，智慧的因素、知识的力量会越来越突出，文化所创造的人文环境和整个城市的文化发展水平对我们进入信息社会后的整个社会的进步和整个经济的发展将起越来越大的促进作用。这主要表现在：首先，先进城市文化能够极大地促进人的思想道德和科技素质的提高，而人是生产力的首要因素，人的素质的提高必然能带动社会生产力的整体水平的提高，为生产力的发展提供强有力的智力支持和思想保证；其次，先进城市文化可以优化城市环境，提高城市品位，增强城市的辐射力和吸引力，从而为城市经济持续快速健康发展创造良好的环境；最后，先进城市文化必须具备与时俱进、不断创新的特性。这种特性将不断为城市经济发展注入新的生机与活力，成为促进生产力快速发展的强大动力。

二、城市文化是城市竞争力的源泉

城市竞争力是指一个城市在一定区域范围内集散资源、积聚生产要素、提供产品和服务的能力。城市之间的竞争不仅表现在经济的竞争上，还表现在文化的竞争上。文化就是这种凝聚力、竞争力的源泉。看一座城市是否有竞争力，重要的是看它的文化，也就是文化资源、文化氛围、文化品位和文化发展状况。如果一个城市文化发达、思想解放、科学进步，那么这个城市的发展就大有希望。城市文化是城市吸引力增强与辐射力提升的基础，是支撑城市生存、竞争和发展的巨大动力和无形资产。一个地区、一个民族、一个国家，它在世界文明史上的地位，最终是由它的文化发展达到的程度来决定的。进入知识经济时代，城市综合竞争力的主导因素正在发生变化，从以资本、管理、科技竞争力为主导到以文化竞争力为主导，反映了现代化发展的一般规律。同时，随着城市文化的熏陶，市民的素质也会普遍提高，从而转化为巨大的创新能力。城市文明发展实践表明，凡是人文文化和科学文化能够得到很好结合并发扬光大的时候，城市就会兴旺繁荣；反之，则会走向没落衰败。我国近20多年来城市的突飞猛进、全面发展的事实，充分证明了改革开放的人文精神、科学精神、创新精神的巨大威力和作用。没有文化洗礼，我国的城市化建设不可能取得如此大的成就。尤其在当前，我国正处于社会转型时期，更加需要先进文化的启蒙。因此，可以说，未来成功的城市将是文化城市。

三、城市文化是城市的形象

城市形象是一座城市的外在景观与内在要素的综合体现，其中外在景观包括城市布局、城市建筑、城市道路、城市标志、城市生态等；内在要素包括市民素质、政府行为、管理制度、服务质量、开拓创新氛围等。就城市内部要素而言,"一个城市的辐射和吸引力,主要是靠文化,文化能展示城市的价值品位和可贵的风尚,文化是一座城市的凝聚力和自信心的源泉,先进的文化犹如一面旗帜,主导着人们的思维,决定着人们的行为模式和生活方式,她能鼓舞人、激励人去热爱自己的国家,热爱自己的城市,热爱自己的家园。并且尽力为其做出自己的贡献"[①]。就外部环境而言,对一个城市的最初理解是从其外在的表现获得的,即硬件上的城市建设和软件上的人文氛围,这种人文氛围更多的表现还是在城市的这种凝聚力和渲染力上,也就是人们常常所认为的城市文化上。可见,一个城市的形象,表现在鳞次栉比的高楼大厦和繁忙的经济交流,但更重要的是表现在深厚的文化底蕴和文化内涵中。城市文化在城市形象塑造上具有不可替代的作用。一个城市只有具备丰厚的城市文化内涵,才会有鲜明的城市个性、独特的城市风格,从而获得特殊的魅力和吸引力。

四、城市文化是城市发展水平的标志

从中国到世界,从古代到现代,每个城市都有自己发展的轨迹,都有自己鲜明的个性特征,特别是一些文化古都、历史名城,更是如此。这种特色,不仅已经成为一个城市文化的一部分,还成为一个城市发展的标志之一。如我们经常所说的"六朝古都"是以其在历史上的地位以及今天的价值而著称,其中的不少历史遗产都是其他地方所没有的,也是不可复制的。在古代,由于生产技术、经济水平等因素的制约,城市文化不可能发展到像今天一样的高度。而今天,许多城市的文化都在诸多因素的带动下得到了飞跃似的发展,达到了古代城市文化所不能企及的高度。也就是说,城市文化的高度发达,其实从另一个侧面反映了这个城市在其他方面的相应的发展程度。如果一个城市在城市文化上还处于相当贫瘠的状态,那这个城市的发展水平也

---

① 温朝霞. 文化特色:现代城市的灵魂 [J]. 学习与实践,2002(10).

就可想而知了。若从更加实际的角度去看问题，一个独具文化特色的城市较之于其他城市来说，也是略胜一筹的。因为文化本身不仅是经济投资的项目，还是吸引外地游客到本地消费的热点。从国内的例子可以看出这一特性，比如最近几年来许多地方都在建设有浓郁文化韵味的旅游景点，其实都是在"搭文化台，唱经济戏"，如深圳的"世界之窗""锦绣中华"等都取得了成功，产生了较大的影响。

因此可以这样认为，物质建设是衡量一个城市的发展现状的标准，而城市的文化水平及其影响力则彰显它的发展前景。正如《二十一议程文化宣言》中所提到的，须在"所有城市和地区计划中考虑文化参数，要把'文化影响评估'作为测量公共或私人文化参与主动性，包括城市文化生活中有重大意义变化的考虑事项，并促进其完善"。可见城市文化建设对于城市发展水平的标志性作用及其评估意义的重要性。

第五节 城市文化：制约城市管理的因素

如果说管理是人类各种活动中最重要的活动之一，它"既是科学又是文化，是聚集人们创造的彼此适调的科学文化"[①]，那么可以说自从人们开始形成群体去实现个人无法达到的目标以来，管理就成为协调个人努力必不可少的因素。

城市管理的本质是人作用于城市发展的过程。管理者的主观愿望无不是想以自己的优质管理行为来推动和加速城市的发展，然而城市管理中事与愿违的事情不断发生，管理实绩的差异比比皆是。有人总想把法治与人治对立起来提问题，以为只要有健全的法制，无论什么人去管理都会取得好成绩，一切可以安然无忧，城市治理自然功到渠成。目前的事实是，即使发达国家城市法制相当健全，也从来没有忽

---

① 李植斌，梁萍. 城市文化形象继承与创新[J]. 同济大学学报，2001（1）.

视人的重要性。

人的作用又决定于什么呢？决定于人的品质、知识、能力、经验、服务精神等，所有这些对人的要求的精神条件的概念就是文化。各种形态的文化素质对于人来说是在相互作用下递进的，对管理所起的作用也是不同的。其艺术素质，包括美学观点，对城市建设布局、形态的追求都有重要影响；其知识素质，特别是其知识结构，对城市各方面专业性管理与协调得当否和工作会有很大关系；其观念素质，特别是其道德观、价值观、敬业精神、现代意识、正确处理社会（城市）与个人功利关系的修养等，对城市管理的最终实绩会有决定性的影响和作用。概言之，城市管理实绩是城市管理者文化素质的正比例函数，这是问题的一方面。另一方面，城市管理实绩的取得也需要全体市民的配合，即决定于城市全民的文化素养，它一般是以传统文化与民俗文化为基础的，吸收外来文化的多元文化的混合体，是经过培养和塑造，足以构成全体市民归属感和荣誉感的"城市精神"的共同体。它是管理的条件，又是管理的创造性成就。

从以上论述中可以看出，城市文化与城市管理的契合点不是城市物质本身，而是居住在城市里的"活生生"的人，这是厘清城市文化和城市管理两者关系的关键点。人是城市的主体，也是文化的主体，纵观古今中外城市发展与建设史，无不与人类生活紧密相连，离开了人及他们的生活方式来谈城市文化是空洞的。英国人类学家马林诺斯基认为，文化的中心是人，人们必须满足其有机的根本需要，这是对文化最小限度的要求。需要导致文化的产生，并使之连为一体。反过来，文化的总目的是满足基本需要。基本需要是人们代代相传、绵延所属群体和它所孕育的文化之最起码的条件，是文化的生物学基础。可以说，文化就是人类生存和发展的方式。因此，研究某个城市的文化特征就应贴近这个城市的人。在实践中则要努力提高城市管理者的文化素质和被管理者即城市居民的文化素质。

就城市管理职能而论，更可以看出管理文化的重要性。

一、导引，是城市管理的首要职能

城市导引，一般靠城市发展战略和总体规划的制定来完成。导引的一个重要内容就是文化建设和培育。城市政府应该致力于提高城市文化品位、提高人的精神面貌、改善人际关系、提高人的诚信度，这些对于城市经济文化的发展具有重要的意义。对城市来说，发展文化就是培育人，是发展先进的生产力。一个文化落后的城市比一个经济落后的城市更难赶上先进城市。深入研究就会发现，许多城市之所以落后，其主要的原因是文化的落后。要注意的是，在城市导引中，要特别重视城市文化特色的培养。特色的城市文化是包括了价值观念、社会关系、生活习惯、民俗传统等的文化内涵的有机联系，其民族性与地方性反映在观念、意识、习惯、社会秩序、社会行为准则等之上构成了城市的软环境；反映在城市布局、基础设施及城市建筑上构成城市的硬环境。如北京、西安、苏州，作为各具特色的地方文化代表和典型，独具魅力，闻名遐迩，显示了与众不同的风格和个性，具有自己独特的城市文化建设的精神和人文环境，对城市的其他建设和发展起到了重要的推动作用。

二、规范，具有城市管理实现导引的基础性职能

规范包括自我规范和相互规范两个方面。规范通过制定法规、政策、行政条例和规章制度等有形文案，以及主动引导民间的风俗、道德和习惯等无形约束，对城市居民和单位的行为进行约束。可以看出，规范的内容无论是正式规则还是非正式的规则都是文化的组成部分，因而制定完善的城市规范就是一种文化建设。

三、治理，具有实现城市管理目标的经常性职能

治理要治本、治标并重，要导顺制逆，把表彰与惩办有机结合起来，做到宽严并济，要人性化，以民为本。城市治理包括很多方面，

有一些是与文化有关的。比如城市社会治理，就是要消除城市社会问题，提高市民的文化道德水平，改善城市人群的关系。社会治理还有一个任务就是要培养符合市场经济发展的市民文化。成熟的市民文化有助于市场的公平竞争，从而有利于城市经济的发展。

四、服务，具有体现城市管理本质的公益性职能

服务是一种现代意识，其中包含有丰富的文化内涵，包括人本主义思想、道德伦理观念、协同发展理念、公平与效率原则等文化元素。城市服务包括有形服务和无形服务。无形服务比如广播、电视、互联网、新闻、教育、科技、娱乐等诸多方面，这些无形服务无不与文化建设直接相关，甚至本身就是文化建设的一部分。

五、经营，具有加强城市管理的经济职能

经营具有保证城市公共财产发挥最大效用、保值增值、加强城市管理的经济职能。这是近几年我国城市发展建设的共同经验。城市经营、理论和实践的长远发展，首先是人们在城市土地等公共财产长期无偿使用所形成的不良后果进行认真总结的基础上实现的认识上的升华，也是学习市场经济理论和西方城市经济管理经验的收获。也就是说，先有城市经营的知识文化和观念文化的积累和丰富，然后才有城市经营的出现和提高。以后还需要根据城市经营实践情况进一步提升城市经营理念，把城市文化作为一种资产来经营，有益于城市生态的进化，有益于城市精神的培养，有利于城市经济的繁荣，有利于城市可持续发展。

第六节 文化提升：城市管理的重要任务

城市管理水平的高低、管理功效的优劣，归根结底与管理理念相

关。城市管理理念是城市管理文化的核心和灵魂,是城市管理者心中所秉承的管理思想、管理意识和管理观念的总和。对城市进行管理,不仅仅要从基础建设、政策制定、招商引资等方面着手,更重要的是从城市人文基础出发,实现城市良性文化的建立,为城市的管理和发展营造充分的无形资本和效益。实践证明,在城市管理中,如果仅仅依靠行政或是法律手段来分析和解决问题,或是动用大量人力或是财力来处理各种事件,将会出现较大的管理漏洞,许多情况不能够得到及时和有效的处理。由于文化建设在城市管理中的特殊作用,通过文化提升,创立以文化来治理城市的理念是非常必要。结合城市的特点和需要,提升城市文化和文明可以重点考虑以下方面。

一、强化文明意识,构建和创设城市人文精神

用文化氛围和精神熏陶来引导和管理城市,最重要的一点就是创设城市人文精神。人文精神往往以时代精神、文化精神、民族精神等具体形式体现出来,而在以城市为载体的空间范围内,人文精神又集中体现为城市精神,城市精神渗透于城市文化的"硬件"和"软件"之中,城市精神是衡量城市综合竞争力的重要指标。

在当代,国内外不少城市都十分重视城市精神的培育和弘扬。人类具有的文化传承和自我创造的能力使得人类通过对象化活动,不仅可以满足本能的需求,还会产生精神的需求。而精神生活中最能体现人的本质特征的就是人文精神,即人类存在与发展中对生活的意义与价值、道德与情感、潜能与发展、善与美等方面的自我认同和自我意识。人文精神在人类生活总体结构中至关重要,它是现代社会的全面发展的一个不可缺少的重要维度,它总是与特定的人类生活方式的物质建设和文化建设融为一体。人与自然、人与社会以及人与人的关系的互相作用、互相渗透构成人类生活方式总体结构的基础,它们为一定的道德、伦理、政治、风俗、习惯、礼仪、价值观念等人类生活方式的总体结构提供了前提。人文精神正是渗透于生活方式各要素之中

的一种文化意识和观念，而人文精神一旦形成又会对生活方式产生强烈影响，使人类生活结构的各个层面具有一种价值维度。正是由人文精神这一特性，特别是其外显和内蕴相结合的特点，其才成为城市物质文化建设和精神文明建设的重要精神标志。

二、强化和谐意识，构建和谐社会的精神支撑

城市文化提升，可以确保和谐社会发展方向的正确性和目标模式的科学性。这种正确性和科学性集中表现为制度安排，也就是通过先进的城市文化建设引导人们自觉选择中国特色社会主义。构建民主法治、公平正义、诚信友爱、充满活力、安定有序、人与自然和谐相处的社会，建立富强、民主、文明、和谐四位一体的中国特色社会主义社会，营造一个稳定、成熟的社会，是人民群众的共同愿望和理想追求，也是符合人民群众根本利益的。

城市文化提升，为构建和谐社会提供思想和精神资源。发展先进的文化有利于树立和落实科学发展观，以科学发展观统领经济社会发展全局，指导发展实践。科学发展观强调以人为本，强调人与自然、经济与社会、城市与乡村、经济各部类以及区域之间的协调发展，这有利于和谐社会的形成。发展先进的文化有利于从改革开放和现代化建设的实践中，发掘新的精神因子，提炼新的思想元素，进而培育新的和谐理念及和谐精神。同时，先进的城市文化本身就是对中国古代传统文化批判继承的科学成果，同时又丰富了新时期的和谐理念及和谐精神。发展先进的城市文化同样有赖于吸收借鉴人类社会创造的一切文明成果，如其他国家建设和谐社会的政治理念、体制机制和成功做法，做到为我所用。

城市文化提升，有助于确立以和谐为旨归的道德评判体系。在构建和谐社会中，非物质、非法律、非制度的因素，如道德的规范、引导、调适、融合、促进作用等十分重要。通过发展先进文化，以和谐社会观为核心，大力宣传并弘扬正确的世界观、人生观、价值观和

科学的自然观、竞争观等现代观念，积极汲取优秀传统道德的积极成分，可以使全社会逐步形成以和为真、以和为善、以和为美、以和为贵的共识，从而形成与社会主义市场经济相适应、与中华民族优秀传统道德相承接、与和谐社会要求相吻合的道德体系。

城市文化提升，有助于全体社会成员正确对待和处理人与自然的关系，尊重自然，保护自然，利用自然，造福人类；正确对待和处理人与社会的关系，维护社会秩序，完善社会功能，实现社会公平，保护个人权益；正确对待和处理人与人之间的关系，诚实守信、平等友爱，与人为善、尊重差异。

三、强化个性意识，彰显独有风格和特色

个性，指一事物区别于其他事物的个别的、特殊的性质。城市文化的个性，就是一个城市与其他城市不同、具有本地民众基础的、具有自身发展模式的城市文化特色。个性，是城市文化的魅力所在，也是城市文化的生命力所在。以独有的文化来对城市的发展进程进行一个总体的规划和管理，必然就要求城市文化保持、传承、发扬其最独特的一面，也要求在治理城市各种已经存在的问题和策划前景的具体行为过程中，建立其彰显身份、表现其个体风采的特色文化，从而规划出有特色和个性的城市。因此在管理城市的实际过程中，应该从以下几个方着手。

（一）凸现特色

没有特色，城市就没有生命力，也就缺少竞争力。要在竞争中体现出城市文化的特色和优势，取决于城市文化功能的定位。定位一个城市，必须从该城市的历史及其发展的轨迹甚至是与其有关的其他元素出发，从总体上来把握这个城市的风格。每一座城市都有自己的传统、风格和地方特色，在塑造城市文化形象时要充分把握这一传统、风格和特色，搞城市建设、发展城市经济都要打文化牌。城市的文化特色不是城市外貌、建筑物特征和文物古迹的简单组合，而是要深入

到城市发展形成的因素中去体味它的精神与物质的特点。由于各个城市的历史形成过程不同，文化底蕴也不同，城市建设也应有所差异。如果都只是简单修复几幢古建筑，建造几处微缩景点和古街市，恢复或发掘几个历史上的古迹，就会使众多城市彼此相似而丢失了各自的特色。还有一种情况就是，在城市模式上我们多追求千篇一律的、用钢筋混凝土修建的高楼大厦，至于这种模式是否有文化与艺术性，很少有人去想。当然，笔者并非否定开发与创新，不要现代气息，只是说更新来源于历史。历史是有文化的，我们应使历史文化再显光彩；同时，新修建的建筑物也要有文化和艺术性。我们应当避免这样的情形：在一个高速发展的历史机遇面前，由于这一些人没有文化，建设了一堆没有文化与艺术感的建筑群（有人称之为"无字史书"），留给后人一个难处理的遗产。要填补城市个性的缺失，就必须将独特的文化填进城市的躯壳，让"现代城市的艺术得到升华，人们从这种文化积累的文化形象中看到人类文明的脚步"[①]。

（二）创作精品

标志性文化工程是一个城市的文化招牌，甚至就是一个城市的代名词。一个城市拥有个性鲜明的、国际水准的主体形象建筑及标志性文化设施群体，对突出城市形象、提高城市档次、扩大城市的辐射力具有举足轻重的意义。而建设个性化的城市就必须要以创作精品城市景观为重点。在创作城市文化精品方面，湖南省常德市做出了可贵的探索。历时十年建设、荣登吉尼斯世界纪录的"中国常德诗墙"就是一次成功的实践。"中国常德诗墙"以常德古城几千年历史为纵轴线，以当代中国最高水平的书画艺术为横断面，力求在内容与形式上实现"时空交汇、纵横结合"的完美统一，准确反映常德古城的风采和现代常德人的精神风貌。常德诗墙突出了三个特色：一是以防洪大堤为载体，全长3000米，刻有1267首诗词、43幅石刻画，不仅气势恢

---

① 李植斌，梁萍. 城市文化形象继承与创新[J]. 同济大学学报，2001（1）.

宏，规模浩大，而且是两个文明的巧妙结合，被誉为"诗国长城"；二是集当代中国一流水平的书画艺术于一墙，海内外许多著名的书法家、著名画家都为诗墙创作了精美作品；三是内容都与常德有关。诗墙所收诗词从先秦至当今，没有断代，大都是常德人写的，写常德的，或者在常德写的，打上了鲜明的地方烙印。常德诗墙的建设是对常德丰富的历史文化遗产的一次大发掘，也是对当代中华书画艺术精品的一次大展示，相信人们一提起诗墙，就会想到常德。

（三）培育偶像

要树立和培育文化偶像。每座城市都有属于自己的历史文化偶像，他们可能来自不同时代、不同文化领域，或是文人骚客，或是贤臣名宦，或是革命领袖，或是御侮将帅，等等。他们是我们民族的骄傲，更是一个地方文化品位的招牌，还是提高市民文化素质的生动教材。因此，在城市文化建设中，要有他们的突出地位。在乐山市和绵阳市，临江而立的沫若堂、富乐阁，就是为纪念与乐山、绵阳有关的历史文化名人郭沫若和刘备而建的，产生的效果就相当好。只有这样，才能够在城市中形成比较坚实的硬件基础和市民基础，而这种广泛群体的文化圈的建成，正是形成特色城市文化的重点和具体方式。

（四）以人为本

以人为本既能满足群众物质文化要求，又能引导社会文明。文化是人创造的，又反过来对人施以重要的影响。文化的本质，就在于不断提高人的文明化和现代化的程度。因此，城市文化建设必须坚持以人为本。以人为本，就是要以人为出发点和归宿点，在城市文化建设中充分考虑广大市民的需求。一是考虑市民的审美愿望和心理需要，二是考虑市民参与的群体性和多样性，三是考虑市民接受文化时对实用性与理想性价值的选择，四是考虑市民对浸淫其中的传统文化、地方文化的认同以及对自身文化身份的定位，五是考虑市民对城市整体文化基调和氛围的理解和感受。这样，城市文化就会造就出城市人的新的价值体系和人文精神、新的生活方式和审美观念，就会激发起市民对祖国和家乡的热爱、对历史和现实的思考、对生命和心灵的感悟，从而释放出生命的能量，焕发出创造的激情，投身到新的生活中去，创造出更加辉煌的物质文明和精神文明成果。

四、强化科学意识与服务意识，塑造城市精神

科学定位。城市文化建设首先应该要思考的是城市的文化定位问题。城市文化定位的准确与否是城市文化建设成败的关键。定位科学准确，符合其历史传统和现实状况，就能成为城市居民的共同价值，文化建设也就会卓有成效，否则就会困难重重。可以说，科学的定位是城市文化建设的重要前提。塑造城市精神的科学定位需要进行科学论证。

科学论证。科学论证主要是指对城市文化建设的各个方面进行科学的论证，特别是可行性论证。如城市文化的定位、城市文化发展的模式、城市文化发展的途径、城市文化发展的步骤等等都要进行科学论证，要充分地评估各方面的因素，使城市文化建设能够在科学的指引下有条不紊地进行。如果在城市文化建设中，没有科学论证的环节，城市文化的建设不仅可能会毫无建树，而且还会造成巨大的资源浪费。不按科学规律办事，必然耗费资源，造成浪费。

科学规划。它是指城市文化建设要在科学论证的基础上进行科学规划。规划不仅包括长远的规划，而且包括近期的规划。规划还要细分到各个区域、各个部门、各个阶段，都要有具体的指标。这样，城市文化建设就有如一盘棋，前后左右互相照应，上上下下一齐努力，美好的目标就会慢慢地实现。

科学实施。实施的环节是城市文化建设的又一个非常重要的环节，如果没有实施，就不可能实现规划的预期目标。城市文化建设是个系统工程，其实施的环节涉及方方面面的机构和人员，要调动各种各样的资源、要处理形形色色的关系，难度很大。强调科学实施，就是指要求每个部门甚至每个人在直接承担自己分管的一些具体的工作

任务时，要采用科学的工作方法。科学的工作方法关键是人，即具体实施的人是否具备相关的素质和技能。如果这些人员具备了这些基本的素质和技能，他们对城市文化的特定内涵、城市文化的定位、城市文化发展的战略策略及发展的理念等问题，就能够有一个比较深刻的、较为一致的理解，在实施的过程中就能够更自觉地运用科学的方法，更加符合实际的需要。

另外，城市文化建设还须强化服务意识。城市精神的塑造是一个复杂的系统工程，它包括物质文明、精神文明、政治文明，还有生态文明。如此繁难的系统工程建设，既要有全体城市市民（包括流动人口）的自觉有序行动，也势必要有一个强有力的、有效的政府来组织和管理，以协调市民在生活、学习、工作中的相互关系，规范市民在社会中的行为。如果说，市民公民精神的塑造是塑造城市精神的根本，那么，政府官员公仆精神的塑造则是现代城市精神塑造的先决条件。如果城市政府领导在过于片面化的政绩观指导下，热衷于赶热潮和做表面工作，忽略城市全面丰富的精神内涵，急功近利，那么花巨资建立起来的城市就有可能演变成"标志工程""形象工程"，这种"搭台"却不"唱戏"、"造势"却不"造市"的工程劳民伤财，最终导致的是更加严重的信任危机，城市精神的塑造就将成为一句空话。

总之，城市文化在现代化城市的建设中，扮演的不只是一种模糊的甚至是装饰性的角色，更多的还应该是在城市发展的道路上值得重点关注的东西。没有文化的存在，城市也只是一种空虚的摆设；城市一旦缺少文明、和谐、个性、科学的文化氛围，管理也将走向歧途。我们认为，城市发展不能只重视硬件建设，更要重视软件建设，特别是城市文化的建设。提升市民的综合素质，创造良好人文环境和城市形象，是城市文化建设的保证，也是开展城市化运动行之有效的具体措施，是促使城市管理走向良性循环的重要保证。

第七节　文化建设：提升城市文化的具体措施

为了达到城市文化、城市精神、城市管理的提升，应在以下两方面加强认识和采取措施。

一、认识城市文化的"软"作用

（一）教化作用

江泽民同志在党的十五大报告中指出："我国现代化建设的进程，在很大程度上取决于国民素质的提高和人才资源的开发。"国家如此，城市也是如此。城市间的竞争最终表现为市民素质的竞争。市民是城市的主体，是城市社会文明的创造者和体现者，也是城市精神的载体。城市市民是城市建设的参与者、城市设施的维护者、城市发展利益的共享者，他们的素质直接影响着城市功能运作的效益，他们的思想意识、道德品质和生活方式、行为习惯直接影响城市建设的品位。一个城市要发展，资金、技术都可以引进，但市民素质不能引进，只能靠长期的多种形式的教育和熏陶来提升。城市文化，无论是作为意识形态的精神产品，还是物化了的文化工程和学习场所，都为广大市民所喜爱，对于提高市民的综合素质有着良好的、不可替代的教化作用。这种教而化之是无形的，是"随风潜入夜，润物细无声"的知时春雨，是以一种精神享受的形式在潜移默化中实现的，比一般的说教更为有效。

（二）增效作用

现代城市充满了激烈的竞争，快节奏的生活让人们紧张而又压抑，精神容易疲劳，情绪容易波动，身体素质下降，工作效率不高。正能量的文化，能给人以无限的慰藉和鼓舞，让人释放紧张的情绪，缓解内心的压力，感受精神的力量，从而以更加高昂的斗志投入紧张的工作中。丰富多彩的文化活动能吸引广大市民共同参与，扩大人际交往，协调人际关系，增强市民与市民之间、市民与城市之间的亲和力，为建设自己的家园而共同奋斗。一个市民精神振奋、人际关系和谐的城市，必然是充满活力的、高效率的城市，其经济和社会的发展必然会突飞猛进。

（三）激励作用

城市文化是城市人民自己创造的，它一旦形成就凝聚成一个城市的精神力量，反过来对城市的发展发挥巨大的推动作用。优秀的文化就像一面旗帜，能够凝聚人心，鼓舞士气，激发广大市民热爱祖国、热爱家乡的情感，激励人们自觉自愿地为城市的发展贡献自己的聪明才智和热血汗水，促进城市的经济和社会发展。比如，德阳的"孝文化"既是先贤留给后世的珍贵遗产，又是德阳人民经过几千年的奋斗和创造不断丰富、发展起来的精神财富。也正是由于"孝文化"的哺育和鼓舞，德阳人民形成了爱国爱乡、团结拼搏、勇于创新的品格。

（四）培育作用

大力培育和弘扬民族精神。民族精神是一个民族在长期的历史发展过程中锻造和培育起来的，为本民族成员所共同具有和追求的民族性格、民族自豪感和自信心、民族道德品格和价值准则的总和，是一个民族文化最本质、最深刻的体现。民族精神是一个民族在艰难环境中得以繁衍、发展、壮大的精神支柱，是激励和鼓舞本民族成员为着美好目标积极奋进的精神动力。中华民族在五千年历史发展中创造了灿烂文化，形成了自己的伟大民族精神，这就是团结统一、独立自主、爱好和平、自强不息的精神。正是这种民族精神，使中华民族始终具有强大的凝聚力；始终激励中华儿女前赴后继，自强不息；始终使中华民族高举爱国主义旗帜，为民族振兴不懈奋斗。在当代中国，爱国主义、集体主义和社会主义精神是中华民族精神的集中体现，是中华民族的宝贵精神财富。培育和弘扬民族精神，使人民群众始终保持奋发有为、昂扬向上的精神状态，是社会主义文化建设的一个重要任务，对于实现中华民族的伟大复兴，具有非常重要的意义。

二、提升城市文化的"硬"措施

（一）深化文化体制改革

在改革中建立新的机制，为文化发展增加动力与活力。改革文化体制是城市文化繁荣和发展的根本出路，改革的目的在于增强文化事业的活力，充分调动城市文化工作者的积极性，多出优秀作品，多出优秀人才。在已取得的改革成果的基础上，进一步做好调整布局、优化结构、健全完善内部管理机制的工作；进一步明确在社会主义市场经济条件下政府与各类文化产业单位的关系，积极发展城区各类文化产业，增强城市文化自我发展、自我完善的能力。

（二）积极发展文化产业

文化产业是现代城市的支柱产业，在经济发展中具有越来越重要的地位和作用，对城市经济增长和社会和谐发展的贡献在不断增高，可以认为，把发展城市文化产业作为城市文化建设的突破口，必将有力地推动城市文化建设及创建文化大市、文化大省的力度。城市文化属于一种意识形态、上层建筑范畴，是由经济基础决定的。但它一旦形成，又会对经济基础产生反作用，推动经济和社会的发展。而发展了的经济和社会又会推动城市文化的全面发展。因此，要打造城市文化，不只是要协调城市文化内部的各种关系，更要注重经济、社会和人的全面协调发展，需要大力发展文化产业，以打造好城市文化建设的物质基础。

（三）提高文化生活质量

要不断满足人民的物质文化需要，首先要努力促使城市居民的收入增长，这是提高居民文化消费实力、实施文化兴市战略的必要前提。在文化消费适度增长的同时，要及时进行内在结构的合理调整，正确处理城市中各项社会事业发展与市民的物质文化生活进步的互动关系，逐步提高城市生产生活中的文化含量，促进居民的社区文化资源得到合理开发和使用。新闻、广电和出版部门要强化正确导向,加大理论、舆论和有关政策的宣传导向的力度,通过广泛开展有关现代文化生活、消费文化知识的宣传、普及、咨询等活动,帮助人们确立文明、健康、科学的城市生活方式以及合乎市情、有利于生产力发展的城市文化消费模式,在使城市居民文化生活质量显著提高的基础上,促进城市现代化目标和跨世纪文化战略规划的早日实现。

文化的进步和繁荣是城市发展的终极目标,也可以说是最高目标,它既是人类社会全面发展的动力源泉,又是人类社会最宝贵的财富。尽管城市化进程是我国社会发展的必然,但城市化倘若脱离人或文化的背景,不以文化诉求为重要目标,不坚持可持续发展,那么这样的城市化只能是一种没有灵魂的发展。所以,随着全球化进程带来的城市精神的崛起,对城市总体文化形象的树立和城市整体文化品牌的营造,已经成为当代城市化进程中政府与民间、文化与经济多方互动的前提。在"四城市文化交流会议·2004香港年会"上,香港、上海、台北、深圳四城市的代表满怀激情,在会上分别对城市品牌的设计以及自身城市文化精神的守望和发展作了非常精彩的讲演,颇富启迪意义。

上海的代表说:"全球化时代,城市文化品牌是城市综合竞争力的重要组成。城市精神与城市品牌,如一枚硬币的两面,凸现着城市文化的价值。上海作为一个历史悠久的城市,有自己独特的精神传统和海派文化积淀,充分重视城市文化文脉,拓展城市品牌群,应是上海城市文化品牌的重要方面。"上海将以"活力、博大、创新"的文化精神来整体提升上海的城市品牌。香港的代表说:香港文化兼有"世界性"和"本土性",这两者之间的互动是香港创新张力之所在,香港也因此会培养出别的城市并不具备的城市文化品牌与特色。香港回归祖国,是"亚洲最古老的现代城市回归亚洲文明最悠久的国家","一国两制"给香港带来了无限的创新空间与创造活力,将为香港文化注入新的精神、新的韵律。深圳的代表说:文化是城市品牌的名片，文化内涵深浅决定城市品牌的大小，随着全球化和世界性城市化浪潮的推进，城市竞争日趋激烈，城市与城市之间正从经济竞争走向以文化为核心的综合竞争。深圳是年轻的城市，历史文化积淀不厚，但"一张白纸，可以画最新最美的图画"，深圳正朝"青春、时尚、开放、多元、务实、惠众"的方向打造城市品牌，实施以"观念文化、文化事业、文化产业、产业文化、空间文化"为五大支柱的"文化立市"战略，将深圳建成富有文化魅力的全球知名城市。[①]这些发言都是非常精辟的见解，对于我们在城市化进程中正确把握城市文化精神和打造城市品牌很有裨益，是值得借鉴的。

  一座城市的繁荣昌盛，不取决于它的公共设施有多么庞大、多么华丽，也不取决于它的财富有多么殷实，诚如德国的宗教改革家马丁·路德所说，是取决于"它的公民的文明素养，即人们所受的教育、人们的学识和品格的高下。这才是利害攸关的力量所在"。就像我们在前面提到的，一个城市的繁华变迁，不仅是经济的镜像，也是城市魅力特别是城市文化魅力的表征。所以，如果我们将现代化视为一个总体性的概念，那么现代化就自然包含了文化的现代化、精神的现代化和人的现代化。因此城市文化、城市精神、城市管理的培育和提升，就是城市现代化的一个必然蕴涵其内的组成部分。如果我们将整个现代化过程看作是经济、政治、社会、文化诸方面现代化协调发展的过程，那么城市文化、城市精神、城市管理的发展、提升与城市现代化就是一个互为条件、互为因果、互相促进的过程。总之，现代化最终所要求的是人的内在素质方面的改变，这种诉诸文化的人的内在素质的改变是现代化获得更大发展的先决条件和方式，而人的全面发展也正是这一发展中最为重要的目标。而这不正是现代城市化进程

[①] 毛少莹. 品牌、创意、媒体与都市[J]. 深圳文化研究参考，2005年（1）."四城市文化交流会"由四城市民间知名文化人士荣念曾（香港）、荣广润（上海）、熊源伟（深圳）、平衍（台北）发起，由每个城市的主办单位牵头在四个城市轮流举行，参会的代表主要是政府文化官员、资深文化学者，以及来自北京和国外的人士。

中的城市文化建设所要追求的最高目标体系吗？

最后想说的是，城市及城市文化的发展变化，是一个逐渐积淀的过程，它取决于许多偶然因素和必然的历史发展机遇。有人说，以30年为界，可以清晰地看到中国城市变迁的脉络，"中国城市的30年进化史，没有个人奋斗与物竞天择，只有甘霖普降与点石成金。25年中国改革开放史，哪里政策松动，哪里先见春光"①。这话颇有道理。曾几何时，从1979年到2002年，所谓"深圳速度""孔雀东南飞"②"东西南北中，发财到广东""倒爷贸易"③"浦东开发""西部大开发""长三角崛起"等这些中国城市生态变迁的关键词，引出了多少个悲喜交加的故事。是的，30年前谁能料到，20世纪20年中国独领风骚的时尚之都是深圳和广州；而"80年代看广东，90年代看浦东"，15年前谁又能料到，今日中国大都市繁华的景象又"风水轮流转"到曾经那样摩登时尚的上海；谁又能想到，地处西部的成都，今天会被国内一些极具影响力的高端媒体，如新浪网、《新周刊》等誉为"中国第四城""中国汽车第三城""中国最具风情的城市"之一。而百年之后的成都春熙路，一年能掘金50亿元，成为西部商业身价最高的"金街"，由此而荣登2005年《新周刊》排选出的最具人

---

① 陈旧. 30年中国城市生态变迁史［J］. 新周刊，2005（21）.
② 黄煜池. 中国城市生态变迁关键词［J］. 新周刊，2005（21）. 20世纪80年代中期，内地的大学生毕业以后大部分去了东南沿海城市，对于这种独特的人口流动，有人把它叫作"孔雀东南飞"。有学者形象比喻：高层次人才的转移叫作"孔雀东南飞"，底层次人才的转移叫作"翻过野麦岭"（当时一部日本电影的名字叫《野麦岭》）。
③ "倒爷贸易"是指20世纪80年代末，发生在由北京开往莫斯科的"东方快车"上的故事，主角是中国的"倒爷"和苏联（后为俄罗斯）及东欧的顾客。当时，中苏边境城市及"东方快车"沿线的贸易不发达，一个俄语字母都不识的人，很容易就能在俄罗斯赚上几十万元。那时候，国际倒爷盛行，连中央电视台的春节晚会节目上都有小品刻画去俄罗斯发了一笔财的"倒爷"。据估计，中俄之间的"倒爷经济"，最高时达到了100亿美元的规模。其倒货的方式，从肩背手提式的"单兵作战"到整火车、整飞机的"集团作战"，各显神通。很多俄罗斯人都认为，"倒爷"们的买卖曾解救了俄罗斯的经济，但随着文明市场经济的发展，"倒爷"作为一个阶层便逐渐自行消失了。

性、个性和魅力的"中国商业第三街"①。可以说,在今日之中国,每个城市都有自己的特点,都具有一定的文化底蕴。前沿上海的奢侈,似乎是永远的嘉年华。而北京,这座深具传统人文内涵、名流云集的城市,最具底蕴,是中国永远的政治、文化中心。有一位京派音乐人曾这样比较香港与北京:"香港与纽约差了三重天,而北京与纽约,差的就只有一重罢了!"那么,下一个10年,中国经济最繁荣、最具文化魅力的明星城市是哪一座呢?

---

① 有"时代前沿观察家"之称的高端杂志《新周刊》,每年都会推出一个版块进行大盘点,在2000年9月期就给了成都一个响亮的名字——"中国第四城",让成都着实快乐地火了一番。2005年岁末期,《新周刊》在城市版块中又推出了"商业街排行榜"和"城市之最"两个榜单,在此次推出的首个"中国商业街排行榜"中,被誉为"西部第一商业街""西部第一商家高地""成都金街"的春熙路进入该榜,仅次于香港的铜锣湾和上海的南京路,统计排名第三。《新周刊》推出的全国"商业街排行榜",其榜单的制定并不是统计部门的统计结果,而是作为传媒角度观察的结果,是根据养眼、美食、便利、休憩、人气和商业六大指数予以排选,此次榜单排前十名的分别是:香港铜锣湾、上海南京路、成都春熙路、北京王府井、台北西门町、武汉江汉路、重庆解放碑、广州北京路、南京湖南路、哈尔滨中央大道。据称,入榜的商业街未必是人流最大、商气最旺的,但却是最具个性化、最具人性化、最有魅力的商业街。

主要参考文献

陈晓明，2001. 后现代的间隙［M］. 昆明：云南人民出版社.

傅谨，2002. 新中国戏剧史（1949—2000）［M］. 长沙：湖南美术出版社.

谷时雨，2003. 多媒体艺术［M］. 北京：文化艺术出版社.

花建，2002. 产业界面上的文化之舞［M］. 上海：上海人民出版社.

郝建，2002. 影视类型学［M］. 北京：北京大学出版社.

焦锦淼，2001. WTO与中国文化［M］. 郑州：河南人民出版社.

江蓝生，谢绳武，2002. 2001—2002年：中国文化产业发展报告［M］.北京：社会科学文献出版社.

江蓝生，谢绳武，2003. 2003：中国文化产业发展报告［M］. 北京：社会科学文献出版社.

张晓明，等，2004. 2004年：中国文化产业发展报告［M］. 北京：社会科学文献出版社.

林拓，等，2004. 2003—2004：世界文化产业发展前沿报告［M］. 北京：社会科学文献出版社.

罗钢，王中忱，2003. 消费文化读本［M］. 北京：中国社会科学出版社.

刘伟胜，2002. 文化霸权概论［M］. 石家庄：河北人民出版社.

刘智峰，2001. 切·格瓦拉：反响与争鸣［M］. 北京：中国社会科学出版社.

文心吾，张越川，2001. 中国可持续发展道路探索［M］. 成都：四川人民出版社.

吴季松，1998. 知识经济［M］. 北京：北京科学技术出版社.

王恒富，1998. "文化生产力"的崛起［M］. 北京：人民出版社.

王永章，2003. 中国文化产业典型案例选编［M］. 北京：北京出版社.

向勇，2004. 北大文化产业前沿报告［M］. 北京：群言出版社.

许明，1999. 马克思主义美学思想史：第1卷［M］. 北京：中央编译出版社.

杨文华，2000. 四川与中国西部开发［M］. 成都：四川人民出版社.

袁莉，2002. 聚集效应与西部竞争优势的培育［M］. 北京：经济管理出版社.

张金锁，康凯，1998. 区域经济学［M］. 天津：天津大学出版社.

周泓洋，2001. 谁来消费中国［M］. 北京：中国青年出版社.

周浩然，李荣启，2000. 文化国力论［M］. 沈阳：辽宁人民出版社.

中共中央宣传部，2003. "三个代表"重要思想学习纲要［M］. 北京：学习出版社.

贝克，等，2001. 自反性现代化：现代社会秩序中的政治、传统与美学［M］. 赵文书，译. 北京：商务印书馆.

巴特，1999. 神话：大众文化诠释［M］. 许蔷蔷，许绮玲，译. 上海：上海人民出版社.

菲斯克，2001. 解读大众文化［M］. 杨全强，译. 南京：南京大学出版社.

杰姆逊,2002. 全球化的文化[M]. 马丁,译. 南京：南京大学出版社.

庞坦,罗宾斯,2002. 酷天下：对一种流行的生活态度的剖析[M].吉晓倩,译. 北京：中国友谊出版公司.

萨义德,2003. 文化与帝国主义[M]. 李琨,译. 北京：生活·读书·新知三联书店.

莫利,罗宾斯,2001. 认同的空间[M]. 司艳,译. 南京：南京大学出版社.

克朗,2003. 文化地理学[M]. 杨淑华,宋慧敏,译. 南京：南京大学出版社.

伊格尔顿,2003. 文化的观念[M]. 方杰,译. 南京：南京大学出版社.

后　记

当前文化强省建设状况与四川在国家文化版图中的地位还不相适应，与省委提出的加快建设美丽繁荣和谐四川的目标还不相适应，与全省人民日益增长的美好生活需要还不相适应。因为，建设文化强省比建设文化大省要求更高，既要注重文化发展的数量和规模，更要注重文化发展的结构和质量；既要注重文化生产能力，更要注重文化创新能力；既要强调发展速度，更要注重全面协调可持续发展；既要注重实力的增强，更要注重科学体制机制的构建。

从全国文化发展格局来看，四川属于西部领先、全国第二梯队的态势。从文化产业发展看，四川产业规模在西部具有明显优势，"中国西部省市文化产业发展指数（2018）""中国西部文化消费指数（2018）"和四川文化产业发展指数连续三年居西部首位，文化消费指数居西部第二位。文化产业发展指数方面，排名前五的依次是四川、重庆、陕西、内蒙古、广西；文化消费指数方面，排名前五的依次是重庆、四川、陕西、内蒙古、广西。这两大指数反映出当前西部和四川文化产业的三大特征：产业发展面临提质增效和新旧动能转换的机遇，文化和旅游融合更加紧迫和重要，西部文化产业支撑体系亟须健全。

从四川文化发展格局来看，文化强省建设是推动治蜀兴川再上新台阶的重要范畴。但省内国有文化企业发展定位不明确，产业结构欠优化，发展方向缺统筹，存在"资产同质、经营同类、产业关联、竞争加剧"的现象。在四川文化强省建设过程中，以新时代新的目标、新的要求作为改革发展的动力，必须跳出文化看文化，文化强省建设必须由体内循环向体外循环转变，解决好政府—市场—社会的关系；必须跳出文化抓文化，文化强省建设必须与省委提出的"一干多支、五区协同，四项拓展、全域开放"的战略谋划相衔接，为四川乡村振兴、精准扶贫精准脱贫提供文化支持；必须跳出文化强文化，通过"科技+""互联网+"等途径，实现四川文化创新性发展，硬化四川文化的软实力。比如，四川新华发行集团确立全国文化企业发展标杆目标，2016—2018年，连续三年被评为全国文化企业30强，开启了蝉联模式；经济总量位居全国同行业第二位，截至2018年，集团资产总额180亿元，销售收入85亿元，净资产113亿元，利润9亿元，均较2015年增长25%以上。该集团步入全国第一方阵。

改革与创新只有进行时，没有完成时。建设文化强省必须弘扬改革创新精神，推动思想再解放、改革再深入，这是一个严肃的政治问题亦是一个重大的经济问题。以问题为导向，抓住文化产业发展面临提质增效和新旧动能转换的机遇，借助文化力量打造高品质文创产品。讲好四川文化旅游新故事，升级四川文化旅游体验，增强文化和情感上的共鸣。推动文化和全域旅游深度融合，促进文化和旅游全域融合、全产业联动、全要素整合，为构建四川区域经济发展新动能贡献文化力量。利用旅游开发延续四川特色文化资源的生命力。融入现代化创意设计，对巴蜀文化等特色资源进行出版创意开发，彰显文化产业创意的人文价值和经济价值。孵化一批特色鲜明、文化内涵丰富的知名文化品牌。引导各产业板块增强文化品牌意识，走内涵式发展道路，鼓励特色化、品牌化发展，把特色属性赋予文化内涵升级后，进一步形成知名IP，延伸产业链条，提升附加值，拥有和扩大品牌的话语权，吸引目标消费群体，对公众和社会产生重大的影响力。唯此，方可塑造新的IP，方可再造新的主业，方可以高质量发展，为文化强省建设贡献文化力量。

本书文字写作于2000年至2010年间，从中国和四川文化"十五"

（2001—2005年）、"十一五"（2006—2010年）两个五年计划的发展，即产业启动和改革试点，逆势增长与支柱产业形成的不同阶段，主要就四川在"西部文化强省建设"中文化体制改革和文化产业发展现状、存在的问题、战略原则、路径规划等方面进行调查研究、理论思考、分析比较、对策建议。其中，本书第一章系中共中央宣传部、国家社科基金重点委托项目成果"文化四川——文化体制改革与四川文化强省建设的探索与实践"的第二部分，该项目获四川省第十四次哲学社会科学优秀成果一等奖；第二章获得2003年度四川省科技厅（软）科学研究项目基金立项，中共四川省委党校2004年度研究生优秀毕业论文称号。

这些文字真实地积淀过去，记录当下，展望未来，而成了历史。意大利学者克罗齐提出过一个著名命题，"一切真历史都是当代史"，朱光潜先生在《克罗齐的历史学》论文中探究克罗齐的史学思想时，曾对这一命题做了如下阐发："没有一个过去史真正是历史，如果它不引起现实底思索，打动现实底兴趣，和现实底心灵生活打成一片。过去史在我的现时思想活动中才能复苏，才获得它的历史性。所以一切历史都必是现时史……着重历史的现时性，其实就是着重历史与生活的联贯"。唯愿这些文字能够为进入新时代的四川文化提供参考。

多媒体时代，图书出版更是一个知识、智力、技术密集型行业，需要多个环节共同努力方可成型，孤芳不可自赏，躲进小楼也成不了一统。在本书编写过程中，承蒙诸君鼎力相助，不辞烦劳，查漏补缺，悉心指正，付出心血，使文字终成些样子。感谢所有关心帮助支持我写作的人，感谢四川大学出版社，感谢本书的责任编辑陈克坚先生。

作　者
2018年12月30日于蓉城雪枫斋